차시	날짜		빠르기	정확도	확인란
1	월	일	타	%	
2	월	일	타	%	
3	월	일	타	%	
4	월	일	타	%	
5	월	일	타	%	
6	월	일	타	%	
7	월	일	타	%	
8	월	일	타	%	
9	월	일	타	%	
10	월	일	타	%	
11	월	일	타	%	
12	월	일	타	%	

차시	날짜		빠르기	정확도	확인란
13	월	일	타	%	
14	월	일	타	%	
15	월	일	타	%	
16	월	일	타	%	
17	월	일	타	%	
18	월	일	타	%	
19	월	일	타	%	
20	월	일	타	%	
21	월	일	타	%	
22	월	일	타	%	
23	월	일	타	%	
24	월	일	타	%	

이 책의 목차

세계 여러 나라를 컴퓨터로 떠나는
신기하고 재미있는 세계 여행!!

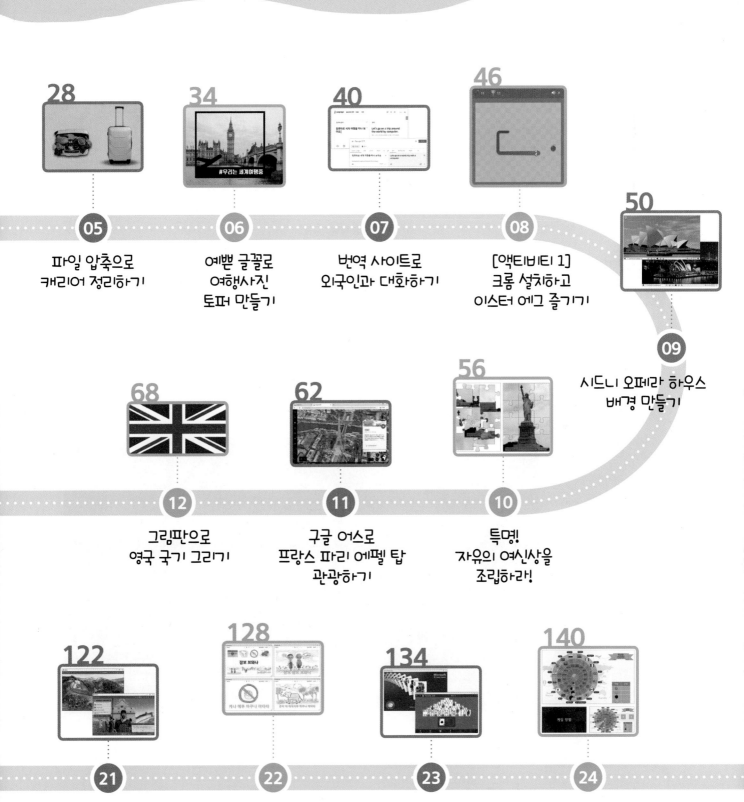

세계에는 어떤 나라들이 있을까?

초등학생인 한결이는 학교에서 세계 여러 나라에 대해 배우고 나서 언젠가는 꼭 세계 여행을 하고 싶어졌어요. 세계 여행을 떠나려면 먼저 세계에는 어떤 나라들이 있는지부터 알아야 해요. 윈도우 10에 설치되어 있는 "지도" 앱을 통해 살펴볼까요?

학습목표
★ 지도 앱을 실행할 수 있습니다.
★ 지도 앱에서 어떤 나라들이 어디에 있는지 확인할 수 있습니다.
★ 위성 지도와 3D 지도로 원하는 곳을 자유자재로 볼 수 있습니다.

실습 파일 : 없음   완성 파일 : 없음

미리보기

© 2020 Microsoft Corporation, Earthstar Geographics SIO, © 2020 NavInfo, © 2020 HERE

오늘 배울 기능

» 지도 앱 실행하기 : [시작()]-[🔵 지도]
» 지도 앱에서 나라와 수도 찾기
» 위성 지도에서 원하는 지역 찾기

지도 앱 살펴보기

01 지도 앱을 실행하기 위해 [시작 (⊞)]-[📍 지도]를 클릭해요.

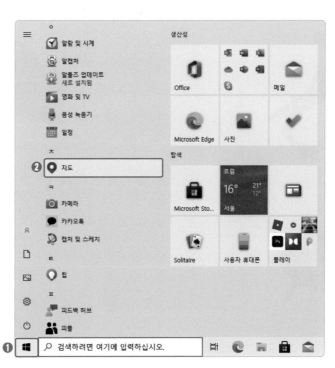

꿀팁

작업 표시줄의 검색 상자에 "지도"를 입력하고 Enter 를 눌러도 지도 앱이 실행됩니다.

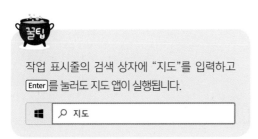

02 지도 앱이 실행되면 전 세계 지도가 한눈에 들어와요.

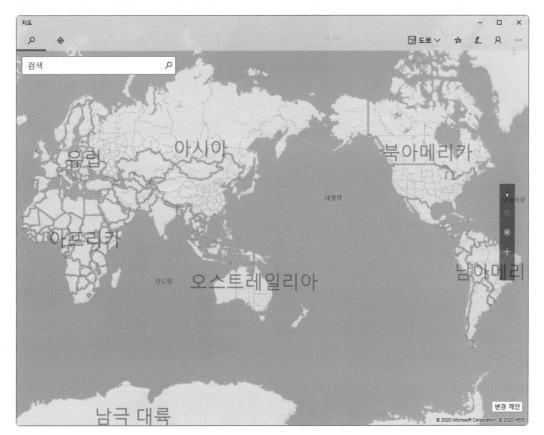

03 마우스 휠을 위/아래로 굴려 확대/축소하고, 마우스로 드래그하여 위치를 이동하면서 다음 나라의 모양이 어느 나라인지 찾아 보세요.

04 유럽 지역을 살펴보면서 각 나라별 수도가 어디인지 적어 보세요.

스웨덴	
핀란드	
영국	
독일	
우크라이나	
프랑스	
체코	
스페인	
이탈리아	
그리스	

2 위성 지도로 생생하게 보기

01 인공위성에서 촬영한 사진으로 만든 지도를 보기 위해 오른쪽 위의 [도로]-[위성]을 클릭해요.

02 지구본 모양의 지도가 나오면 마우스로 드래그하여 자유롭게 돌려 보세요.

03 세계에서 가장 깊은 호수인 **바이칼호**를 러시아에서 찾아 보세요.

- 이동하기 : 마우스 왼쪽 버튼으로 드래그합니다.
- 확대/축소하기 : 마우스 휠을 위/아래로 굴립니다.
- 좌/우로 회전하기 : 마우스 오른쪽 버튼으로 좌우로 드래그합니다.
- 위/아래로 기울이기 : 마우스 오른쪽 버튼으로 상하로 드래그합니다.

04 왼쪽 위의 검색창에 "에베레스트산"을 검색한 후 [기울여서 3D 보기(▦)]를 클릭하여 세계에서 가장 높은 산인 에베레스트산을 탐험해 보세요.

1 남아메리카에서 가장 큰 나라와 그 나라의 수도를 찾아 적어 보세요.

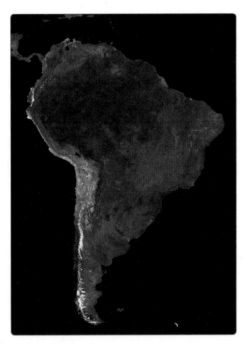

- 나라 :
- 수도 :

2 나라 이름에 포함된 '스탄(stan)'은 '땅'을 의미해요. 나라 이름이 '스탄'으로 끝나는 나라 7개를 찾아 적어 보세요.

-        스탄
-        스탄
-        스탄
-        스탄
-        스탄
-        스탄
-        스탄

세계 여러 나라 살펴보기

세계에 어떤 나라들이 있는지 알아본 한결이는 꼭 가고 싶은 나라에 대해 자세하게 살펴보고 싶어요. 전 세계 240개 이상의 나라에 대해 다양한 정보를 제공하고 퀴즈까지 풀 수 있는 "세계 아틀라스 및 세계지도" 앱을 설치하고 재미있게 즐겨 볼까요?

학습목표

★ 마이크로소프트 스토어에서 원하는 앱을 설치할 수 있습니다.
★ 나라별로 국기와 다양한 정보를 확인할 수 있습니다.
★ 학습한 내용을 바탕으로 퀴즈 문제를 풀 수 있습니다.

실습 파일 : 없음   완성 파일 : 없음

미리보기

오늘 배울 기능

» **마이크로소프트 스토어 앱 실행하기** : [시작(⊞)]-[🛒 Microsoft Store]
» **마이크로소프트 스토어에서 원하는 앱 설치하기**
» **[세계 아틀라스 및 세계지도] 앱에서 세계 여러 나라 살펴보기**

마이크로소프트 스토어에서 앱 설치하기

01 마이크로소프트 스토어 앱을 실행하기 위해 [시작(▦)]-[📇 Microsoft Store]를 클릭해요.

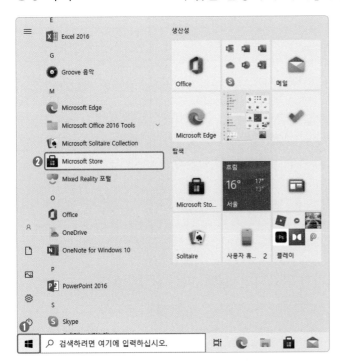

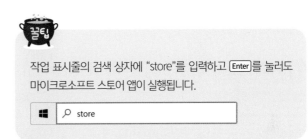

작업 표시줄의 검색 상자에 "store"를 입력하고 [Enter]를 눌러도
마이크로소프트 스토어 앱이 실행됩니다.

▦	🔍 store

02 오른쪽 위의 [🔍 검색]을 눌러 "세계지도"를 입력한 후 [Enter]를 눌러요.

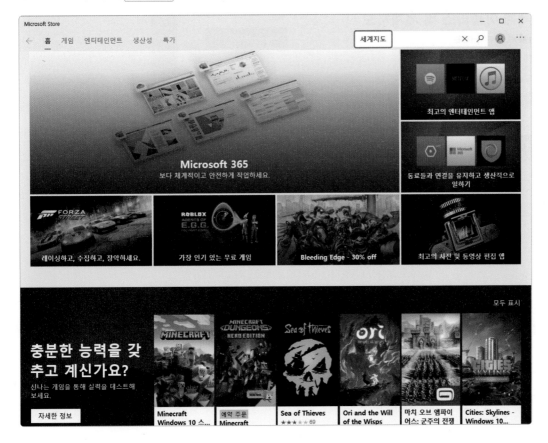

03 [세계 아틀라스 및 세계지도 MxGeo Free]를 클릭해요.

04 [무료] 버튼을 클릭하고 [설치] 버튼을 클릭한 후 설치가 완료되면 [실행] 버튼을 클릭해요.

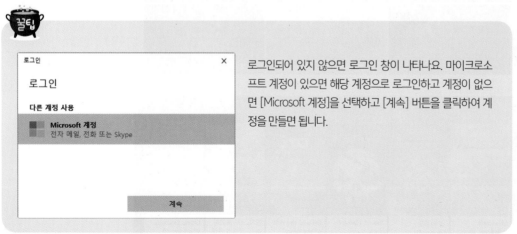

로그인되어 있지 않으면 로그인 창이 나타나요. 마이크로소프트 계정이 있으면 해당 계정으로 로그인하고 계정이 없으면 [Microsoft 계정]을 선택하고 [계속] 버튼을 클릭하여 계정을 만들면 됩니다.

세계 여러 나라 알아보기

01 앱이 실행되면 [국가] 메뉴를 클릭해요.

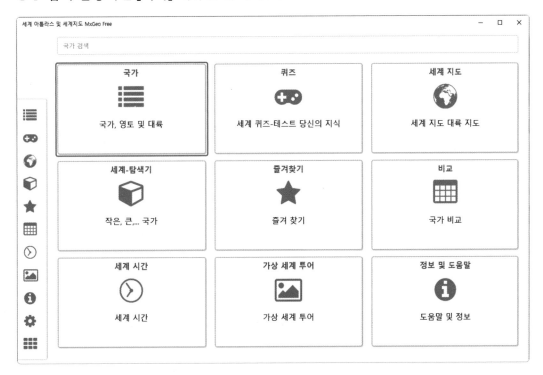

02 세계 여러 국가들이 가나다순으로 표시되는데, [그리스]를 클릭해 보세요.

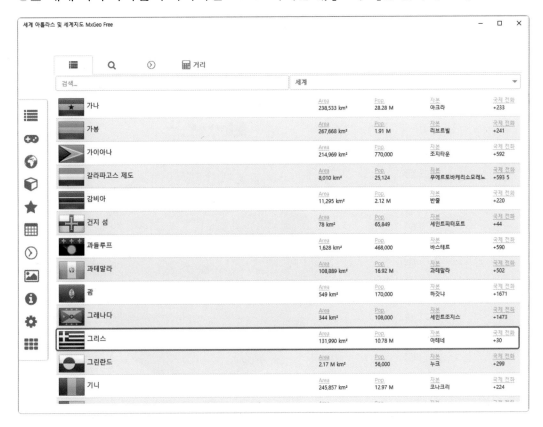

03 그리스의 지도가 표시되며, [데이터] 탭을 클릭하면 그리스에 대한 다양한 정보를 한눈에 알 수 있어요.

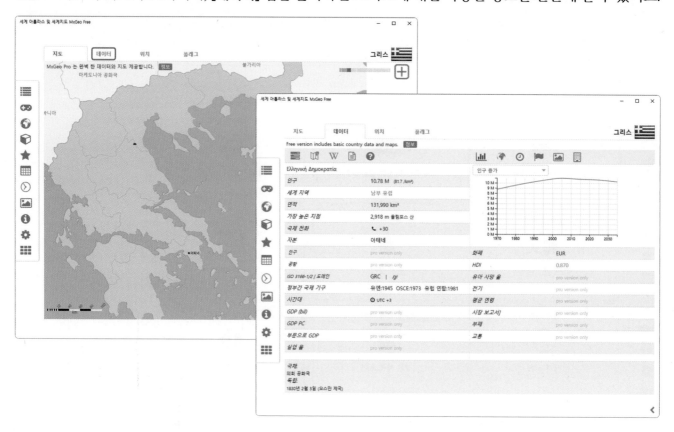

04 왼쪽의 게임 메뉴( )를 클릭하여 재미있는 퀴즈 게임을 즐겨 보세요.

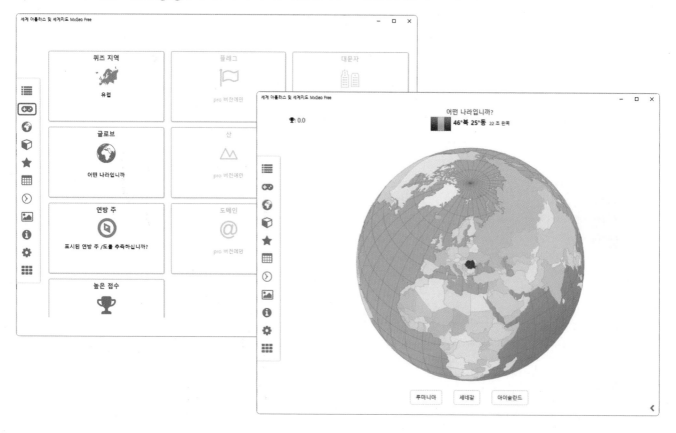

1 앱에서 정보를 확인하면서 서로 관련 있는 것끼리 이어 보세요.

 •

 •

 •

 •

 •

• 브라질 •

• 스위스 •

• 인도 •

• 캐나다 •

• 이집트 •

• CN 타워

• 타지마할

• 피라미드

• 아마존강

• 알프스

2 가상 세계 투어(🖼) 메뉴를 클릭하여 세계 여러 나라를 둘러보면서 다음의 사진들이 어느 나라인지 찾아 적어 보세요.

세계 여행 계획서 작성하기

세계 여러 나라에 대해 잘 알게 된 한결이는 당장 여행을 떠나고 싶었어요. 하지만 부모님께서는 세계 여행을 하려면 먼저 세계 여행 계획서를 만들어야 한다고 하셨어요. 우리 다함께 미국 뉴욕의 자유의 여신상을 보기 위한 계획서를 만들어 볼까요?

 학습 목표
★ 한글 프로그램을 실행할 수 있습니다.
★ 실습 파일을 열어 내용을 채울 수 있습니다.
★ 나만의 세계 여행 계획서를 작성할 수 있습니다.

실습 파일 : 세계 여행 계획서.hwp   완성 파일 : 세계 여행 계획서(완성).hwp

오늘 배울 기능

» 한글 프로그램에서 파일 불러오기 : [파일]-[불러오기]
» 한글 프로그램에서 내용 입력하기
» 클립아트 삽입하기 : [입력] 탭-[그리기마당]

실습 파일 불러오기

01 한글 프로그램을 실행하기 위해 [시작(⊞)]-[🔳 한글]을 클릭해요.

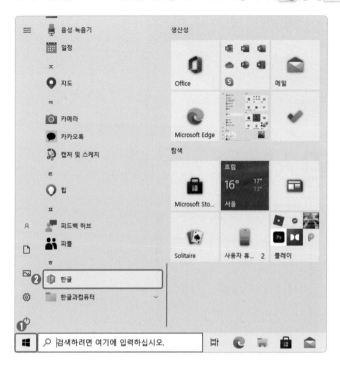

02 [파일]-[불러오기] 메뉴를 선택하여 [불러오기] 대화상자가 나타나면 [03차시]-[실습파일] 폴더의 '세계 여행 계획서.hwp' 파일을 선택한 후 [열기] 버튼을 클릭해요.

세계 여행 계획서 작성하기

01 나라명을 클릭하여 가고 싶은 나라를 입력해 보세요.

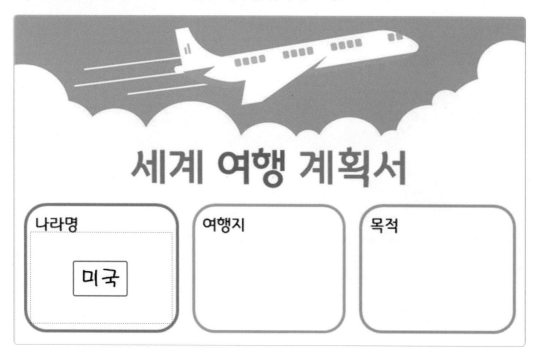

02 여행지와 목적을 입력해 보세요.

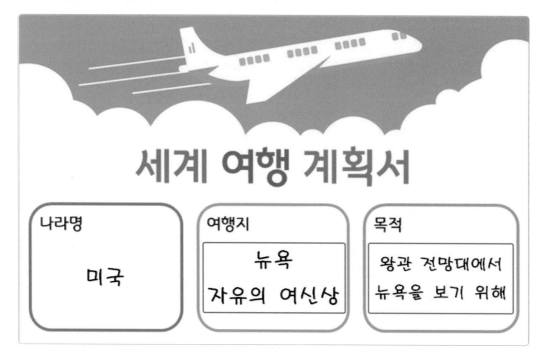

03 여행기간과 준비물, 인사말을 적어 보세요.

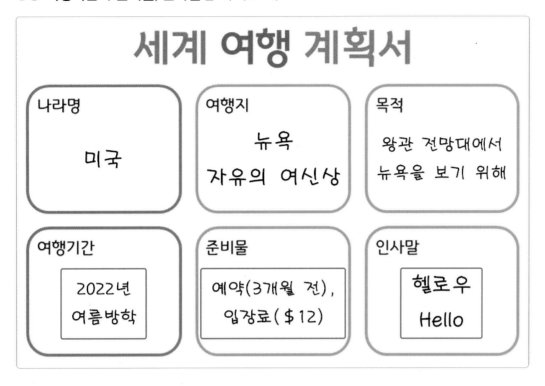

세계 여행 계획서

나라명	여행지	목적
미국	뉴욕 자유의 여신상	왕관 전망대에서 뉴욕을 보기 위해

여행기간	준비물	인사말
2022년 여름방학	예약(3개월 전), 입장료($12)	헬로우 Hello

04 문화와 음식, 느낀점을 적어 보세요.

문화	음식	느낀점
음식점에서 계산할 때 팁을 준다.	햄버그, 핫도그, 스테이크, 랍스터	영어 공부를 열심히 해야겠다.

05 자유의 여신상 그림을 삽입하기 위해 [입력] 탭-[그리기마당]을 클릭해요.

06 [그리기마당] 대화상자에서 찾을 파일에 "자유의 여신상"을 입력하고 [찾기]를 클릭한 후 클립아트를 선택하고 [넣기]를 클릭해요.

07 마우스로 드래그하여 클립아트를 삽입하면 세계 여행 계획서가 완성돼요.

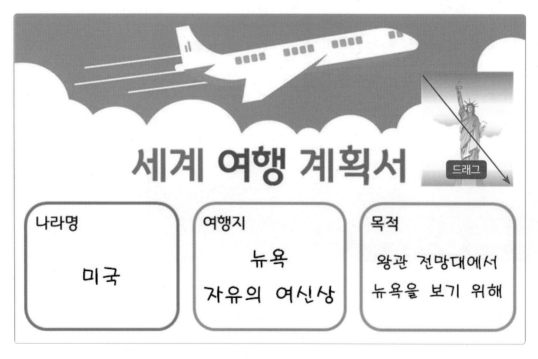

① [03차시]-[실습파일] 폴더의 '세계 여행 계획서-1.hwp' 파일을 열어 여러분이 꼭 가고 싶은 나라의 여행지를 조사하면서 나만의 세계 여행 계획서를 스스로 만들어 보세요.

· 실습 파일 : 세계 여행 계획서-1.hwp   · 완성 파일 : 세계 여행 계획서-1(완성).hwp

세계 여행 계획서

초등학교   학년   반   이름

나라명	
여행지	
목적	
여행기간	
준비물	
인사말	
문화	
음식	
느낀점	

04 다른 나라 시간 알아보기

한결이는 영국에 있는 친구에게 아침에 전화를 걸었는데, 친구가 새벽에 왜 전화를 하냐며 핀 잔을 주었어요. 한결이는 그제서야 영국 시간이 한국과 다르다는 것을 알게 되었는데요. 윈도 우의 '날짜 및 시간' 설정을 통해 나라별로 다른 시간을 알아볼까요?

학습 목표
★ 현재 시각과 날짜를 알 수 있습니다.
★ 다른 시간대에 대한 시계를 추가할 수 있습니다.
★ 세계 주요 도시의 시각을 확인할 수 있습니다.

실습 파일 : 없음 　　　　　　　　　　　　　 완성 파일 : 없음

오늘 배울 기능

» 현재 시각과 날짜 확인하기
» 다른 나라 시계 표시하기 : [날짜/시간 조정]-[다른 시간대에 대한 시계 추가]
» 네이버에서 세계 주요 도시 시간 확인하기

1 왜 나라마다 시간이 다를까요?

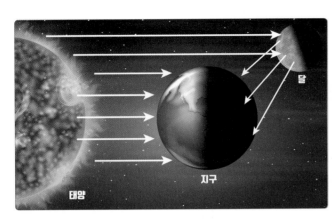

- 태양이 비추는 곳은 낮이고 반대편에 있는 곳은 밤이에요.

- 지구는 하루에 한 바퀴씩 스스로 돌고 있어요.

- 그래서 나라 또는 지역마다 시간이 달라요.

2 다른 나라 시계 표시하기

01 작업 표시줄 오른쪽의 시간과 날짜가 나오는 부분을 클릭하면 현재 시각과 날짜, 일정을 확인할 수 있어요.

02 시간과 날짜 부분을 마우스 오른쪽 버튼으로 클릭하여 [날짜/시간 조정]을 클릭해요.

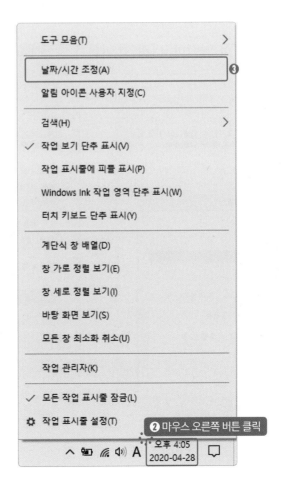

03 아래로 스크롤하여 [다른 시간대에 대한 시계 추가]를 클릭해요.

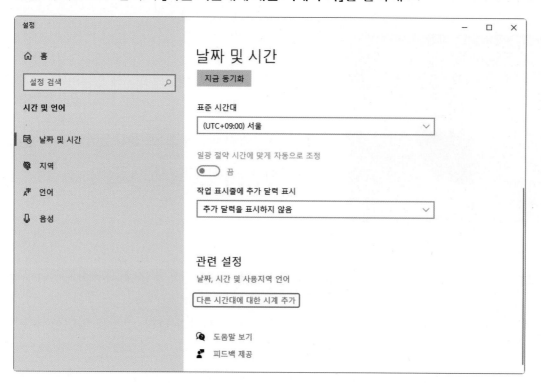

04 [날짜 및 시간] 대화상자에서 [**추가 시계**] 탭을 클릭하여 '**시계 표시**'를 **체크**한 후 표준 시간대 선택에서 영국의 수도 **런던**이 있는 시간대를 선택해요.

05 표시 이름 입력에 "**런던**"을 입력하고 [**확인**] 버튼을 클릭해요.

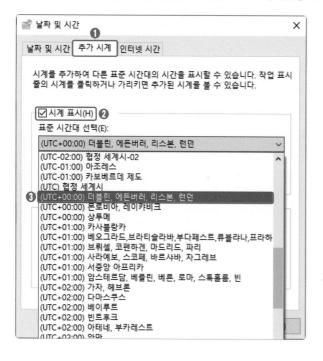
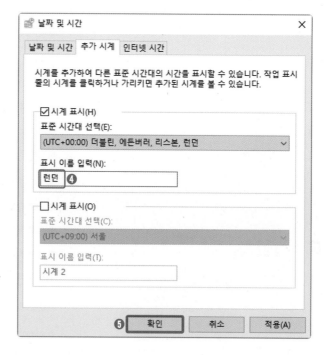

06 작업 표시줄 오른쪽의 시간과 날짜가 나오는 부분을 클릭하면 **런던**의 시계도 표시돼요.

07 같은 방법으로 **미국 뉴욕(미국 동부 표준시)**의 시계도 추가해 보세요.

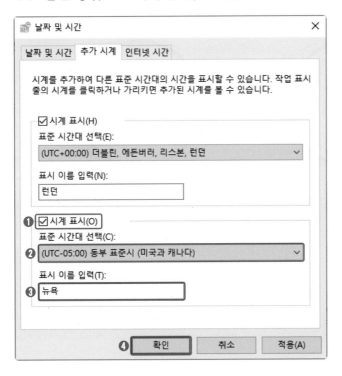

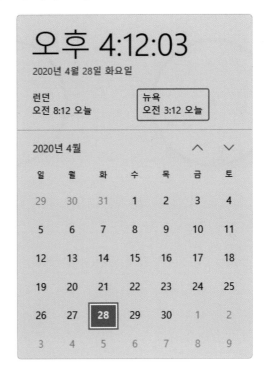

08 중국(베이징)과 일본(도쿄)의 시계를 추가한 후 현재 시각을 시계에 나타내 보세요.

오후 5:38:57

2020년 4월 28일 화요일

베이징   도쿄
오후 4:38 오늘   오후 5:38 오늘

2020년 4월					∧	∨
일	월	화	수	목	금	토
29	30	31	1	2	3	4
5	6	7	8	9	10	11
12	13	14	15	16	17	18
19	20	21	22	23	24	25
26	27	28	29	30	1	2
3	4	5	6	7	8	9

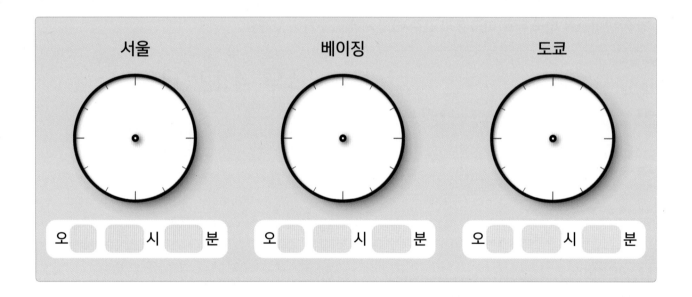

서울   베이징   도쿄

오 [   ] 시 [   ] 분   오 [   ] 시 [   ] 분   오 [   ] 시 [   ] 분

1 Microsoft Edge(🌐)를 실행하고 네이버(www.naver.com)에 접속하여 "세계시간"으로 검색한 후 세계 주요 도시의 시각을 확인해 보세요.

세계지도	세계시간	국가번호	환율

주요도시 | 도시선택

런던 09 : 25 AM · 모스크바 11 : 25 AM · 벤쿠버 01 : 25 AM
· 파리 10 : 25 AM
서울 05 : 25 PM 뉴욕 04 : 25 AM
베이징 04 : 25 PM 도쿄 05 : 25 PM 로스엔젤레스 01 : 25 AM
두바이 12 : 25 PM 멕시코시티 03 : 25 AM
자카르타 03 : 25 PM
상파울루 05 : 25 AM
케이프타운 10 : 25 AM 시드니 06 : 25 PM

GMT 0 +1 +2 +3 +4 +5 +6 +7 +8 +9 +10 +11 +12 -11 -10 -9 -8 -7 -6 -5 -4 -3 -2 -1

2 [도시선택]을 클릭하여 국가는 '브라질', 도시는 '브라질리아'를 선택하여 현재 서울의 시각과 브라질리아 시각을 적어 보세요.

세계지도	세계시간	국가번호	환율

주요도시 | 도시선택

서울 〉   브라질리아 〉

08 : 45 PM   시차 **12** 시간 **00** 분   **08 : 45** AM
28   28

05월 10일 | 일요일   05월 10일 | 일요일

다른시간 계산

· 대한민국 서울 : 오 [　] [　] 시 [　] 분

· 브라질 브라질리아 : 오 [　] 시 [　] 분

05 파일 압축으로 캐리어 정리하기

한결이는 여행에 꼭 필요한 물품들을 캐리어에 넣으려는데 부피가 커서 들어가지 않아요ㅠㅠ 이럴 때는 압축을 하면 된답니다. 컴퓨터의 파일도 마찬가지예요. 여행 준비물 이미지 파일들을 폴더별로 정리한 후 압축해서 하나의 파일로 만들고, 압축 파일을 풀어 볼까요?

학습목표
★ 파일 압축의 개념과 필요성을 이해할 수 있습니다.
★ 파일을 압축할 수 있습니다.
★ 압축 파일을 풀 수 있습니다.

실습 파일 : 여행 준비물 이미지 파일   완성 파일 : 캐리어.zip

미리보기

오늘 배울 기능

» **새 폴더 만들기** : [새로 만들기]–[폴더]
» **파일 압축하기** : 파일이나 폴더 선택 후 [보내기]–[압축(ZIP) 폴더]
» **압축 파일 풀기** : 압축 파일 선택 후 [압축 풀기]

파일 압축이란 무엇일까요?

- 여러 개의 파일을 압축하면 하나의 파일로 만들 수 있어요.

- 파일을 압축하면 저장 ⬜ ㅇ ㄹ ⬜ 을 줄일 수 있어요.

- 파일을 압축하면 전송 ⬜ ㅅ ㄱ ⬜ 을 줄일 수 있어요.

- 파일 압축과 같이 우리 생활 속에서 압축하는 경우는 어떤 것들이 있을까요?

여행 가방에 담을 짐 분류하기

01 작업 표시줄에서 **파일 탐색기 아이콘(🗔)**을 클릭하여 **[05차시]−[실습파일]** 폴더로 이동한 후 여행 준비물에 어떤 것들이 있는지 살펴보세요.

[시작(⊞)]−[Windows 시스템]−[파일 탐색기] 메뉴를 클릭하거나 키보드의 [시작(⊞)] 버튼과 E를 동시에 눌러도 파일 탐색기가 실행됩니다.

02 빈 곳에서 마우스 오른쪽 버튼을 클릭하여 [새로 만들기]-[폴더]를 클릭한 후 새 폴더가 만들어지면 **"귀중품"**을 입력하고 Enter 를 눌러요.

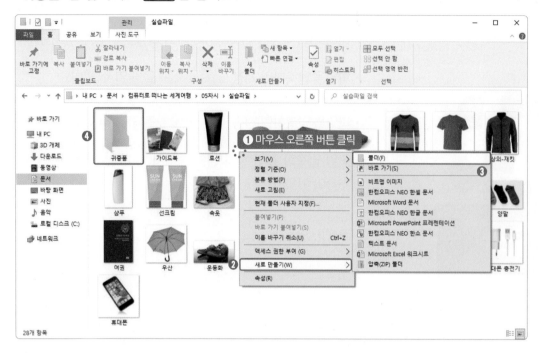

03 같은 방법으로 '세면도구', '신발', '옷', '전자기기', '화장품', '기타' 폴더를 만들어요.

04 Ctrl 을 누른 채 **신용카드, 여권, 화폐**를 클릭하여 선택한 후 **[귀중품]** 폴더로 드래그하여 이동시킨 다음 같은 방법으로 다른 파일들도 모두 해당 폴더로 이동시켜요.

• 세면도구 : 비누, 샴푸, 수건, 칫솔 치약

• 신발 : 슬리퍼, 운동화

• 옷 : 상의-긴팔, 상의-반팔, 상의-재킷, 속옷, 수영복, 양말, 하의-긴바지, 하의-반바지

• 전자기기 : 카메라, 휴대폰 충전기, 휴대폰

• 화장품 : 로션, 선크림

• 기타 : 가이드북, 모자, 상비약, 썬글라스, 우산

3 파일 압축하고 압축 파일 풀기

01 드래그하여 **모든 폴더를 선택**한 후 마우스 오른쪽 버튼을 클릭하여 **[보내기]-[압축(ZIP) 폴더]**를 클릭해요.

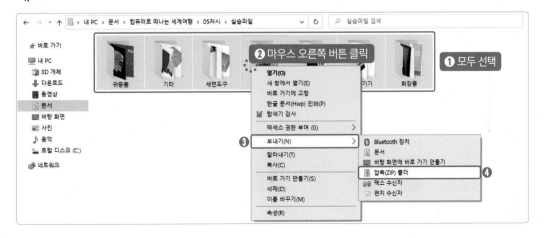

02 압축 파일이 만들어지면 **"캐리어"**를 입력한 후 Enter를 눌러요.

03 '캐리어.zip' 파일을 [내 PC]–[사진] 폴더로 드래그하여 이동한 후 마우스 오른쪽 버튼을 클릭하여 [압축 풀기]를 선택해요.

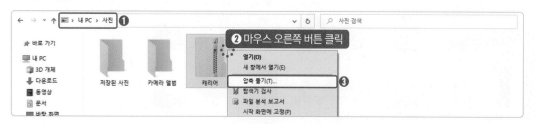

04 [압축(Zip) 폴더 풀기] 대화상자에서 [압축 풀기] 버튼을 클릭해요.

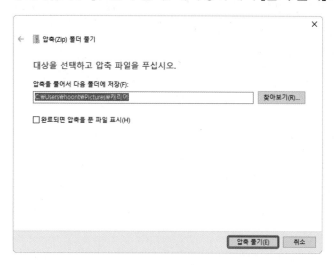

05 압축 파일이 풀리면 '캐리어' 폴더가 만들어지고, '캐리어' 폴더를 더블클릭하면 원래의 하위 폴더와 파일들을 확인할 수 있어요.

1 파일 탐색기의 [공유]–[압축(ZIP)] 메뉴로 압축하고, 압축 파일을 [압축 풀기]–[압축 폴더 도구]–[압축 풀기] 메뉴로 풀어 보세요.

 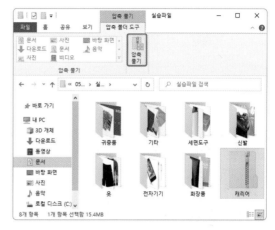

2 [05차시]–[실습파일]–[독일] 폴더의 파일 4개를 압축한 후 압축 전 파일들의 용량과 압축 파일의 용량을 적어 보세요.

• 압축 전 파일 :   MB

• 압축 파일 :   MB

힌트★

파일을 선택하면 탐색기의 아래쪽에 파일 용량이 표시됩니다.

06 예쁜 글꼴로 여행사진 토퍼 만들기

여행을 가면 사진을 빼놓을 수 없죠? 한결이는 열심히 여행사진 토퍼를 만들고 있는데 글자가 예쁘지 않아서 맘에 들지 않았어요. 컴퓨터에 예쁜 글꼴을 설치하여 예쁜 여행사진 토퍼를 만들어 볼까요?

학습목표

★ 글꼴을 설치할 수 있습니다.
★ 그림판 앱을 실행할 수 있습니다.
★ 설치한 글꼴을 활용하여 그림판에서 토퍼를 만들 수 있습니다.

실습 파일 : TmonMonsori.ttf, 우리는 세계여행중.jpg 완성 파일 : 우리는 세계여행중(완성).jpg

미리보기

#우리는 세계여행중

 오늘 배울 기능

» **글꼴 설치하기** : 글꼴 파일을 마우스 오른쪽 버튼으로 클릭 후 [설치] 선택
» **그림판 앱 실행하기** : [시작(▦)]–[Windows 보조프로그램]–[그림판]
» **토퍼 만들기** : 텍스트 입력 후 이미지 이동

글꼴이란 무엇일까요?

- 컴퓨터에서 사용되는 문자의 모양을 글꼴이라고 해요.

- 글꼴에는 굴림, 궁서, 돋움 등 다양한 종류가 있어요.

- 글꼴을 서체 또는 폰트라고도 해요.

- 새로운 글꼴을 사용하기 위해서는 먼저 글꼴을 설치해야 해요.

- 여러분이 알고 있는 글꼴을 적어 보세요.

 글꼴 설치하기

01 작업 표시줄에서 파일 탐색기 아이콘(📁)을 클릭하여 [06차시]-[실습파일] 폴더로 이동한 후 'TmonMonsori.ttf' 파일을 더블클릭해요.

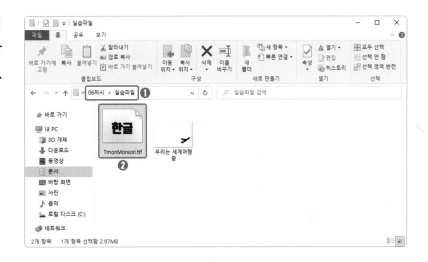

02 글꼴 모양을 확인하고 [설치] 버튼을 클릭하여 글꼴을 설치해요.

글꼴 파일을 마우스 오른쪽 버튼으로 클릭하고 [설치]를 선택해도 됩니다.

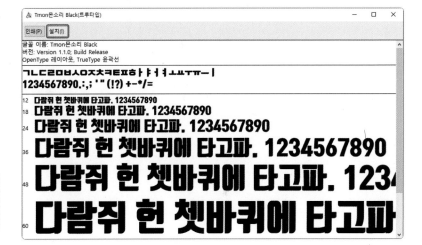

그림판에서 파일 불러오기

01 그림판 앱을 실행하기 위해 [시작(⊞)]-[Windows 보조프로그램]-[그림판]을 클릭해요.

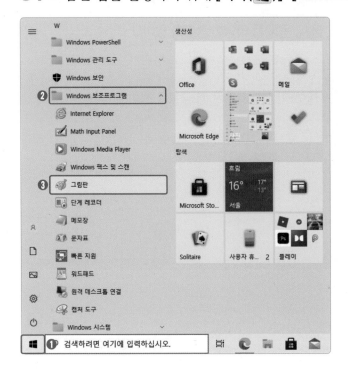

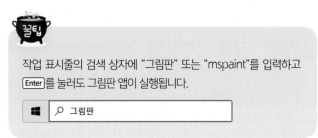

작업 표시줄의 검색 상자에 "그림판" 또는 "mspaint"를 입력하고 Enter 를 눌러도 그림판 앱이 실행됩니다.

⊞   🔍 그림판

02 그림을 열기 위해 [파일]-[열기] 메뉴를 클릭한 후 [열기] 대화상자가 나타나면 [06차시]-[실습파일] 폴더의 '우리는 세계여행중.jpg'를 선택하고 [열기] 버튼을 클릭해요.

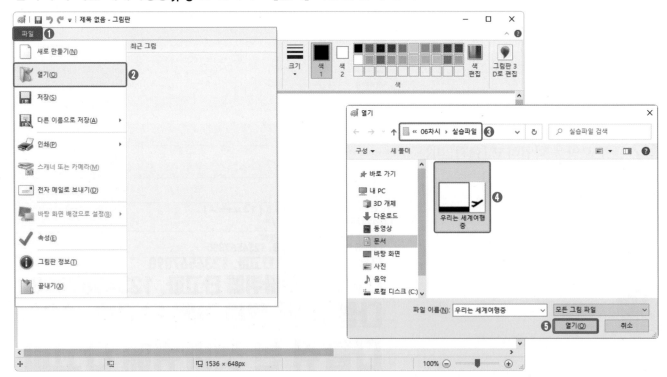

토퍼 만들기

01 [홈] 탭-[도구] 그룹-[텍스트(**A**)]를 클릭하고 아랫부분을 클릭해요.

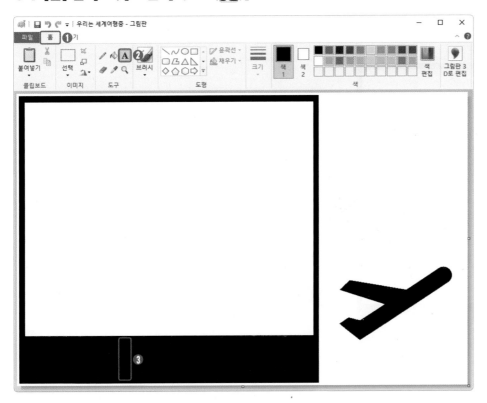

02 글꼴은 'Tmon몬소리 Black', 글꼴 크기는 '36', [색 1]은 '흰색'을 선택한 후 "#우리는 세계여행중"을 입력해요.

03 [홈] 탭-[이미지] 그룹-[선택(선택)]-[선택 영역 투명하게]를 선택한 후 비행기 그림을 드래그하여 선택해요.

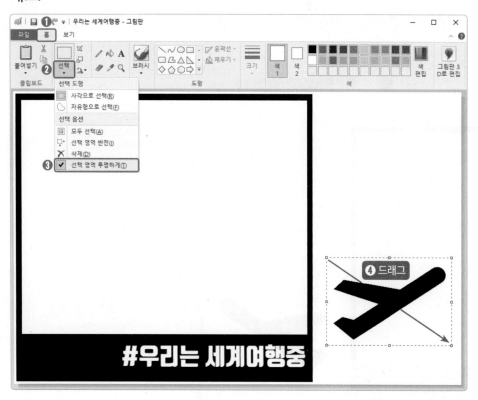

04 왼쪽으로 드래그하면 토퍼가 완성돼요.

05 [파일]-[다른 이름으로 저장]-[JPEG 그림] 메뉴를 클릭하여 "우리는 세계여행중(완성).jpg" 파일로 저장해 보세요.

1 [06차시]-[실습파일] 폴더의 'JejuHallasan.ttf' 서체를 설치한 후 그림판에서 '세계여행.jpg' 그림을 열어 다음과 같이 제목을 입력해 보세요.(글꼴 이름 : 제주한라산)

· 실습 파일 : JejuHallasan.ttf, 세계여행.jpg　　· 완성 파일 : 세계여행(완성).jpg

2 [06차시]-[실습파일] 폴더의 'SDSwaggerTTF.ttf' 서체를 설치한 후 한글 프로그램에서 '교통수단.hwp' 문서를 열어 다음과 같이 내용을 입력해 보세요.(글꼴 이름 : 스웨거 TTF)

· 실습 파일 : SDSwaggerTTF.ttf, 교통수단.hwp　　· 완성 파일 : 교통수단(완성).hwp

07 번역 사이트로 외국인과 대화하기

다른 나라를 여행하기 위해서는 외국어를 잘 알아야 해요. 하지만 영어를 배운지 얼마 되지 않은 한결이는 걱정이 이만저만이 아니에요. 다행히도 한글로 문장을 입력하면 영어, 스페인어, 중국어 등 다른 나라 언어로 번역해 주는 사이트가 있다는데, 다함께 알아볼까요?

학습목표

★ 파파고 사이트에 접속하여 원하는 언어로 번역할 수 있습니다.
★ 프랑스 루브르 박물관 웹사이트를 통째로 번역할 수 있습니다.
★ 구글 번역 사이트에 접속하여 원하는 언어로 번역할 수 있습니다.

실습 파일 : 없음   완성 파일 : 없음

미리보기

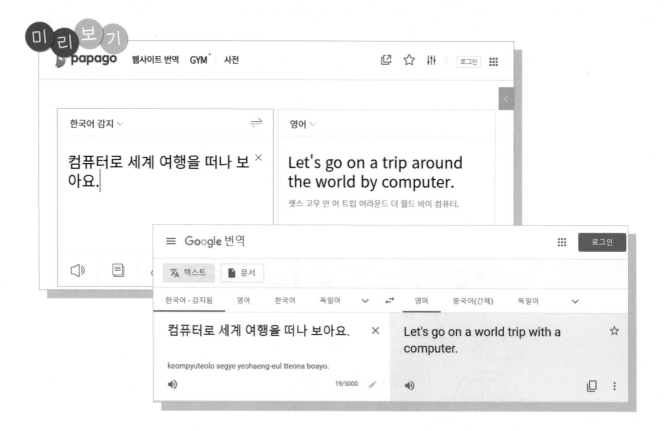

오늘 배울 기능

» **파파고 사이트 이용** : papago.naver.com
» **구글 번역 사이트 이용** : translator.google.co.kr

1 네이버 파파고로 번역하기

01 [시작(⊞)]-[]를 클릭하여 마이크로소프트 엣지 앱을 실행하고 "**네이버 파파고**"를 검색한 후 'Papago'를 클릭해요.

02 파파고 사이트에서 왼쪽에 "**나는 너를 사랑해**."라고 입력하면 영어로 번역돼요. **발음듣기**(◁») 아이콘을 클릭하여 발음도 들어 보세요.

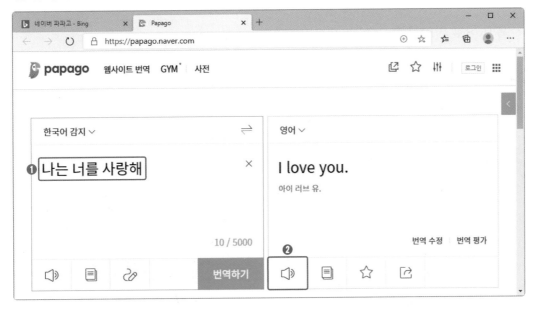

03 [영어]를 클릭하고 아래의 언어들을 선택하여 다른 나라 언어로는 어떻게 번역되는지 적어 보세요.

• 스페인어 :

• 프랑스어 :

• 독일어 :

• 이탈리아어 :

04 다음의 한국어 문장을 영어로 번역한 후 적어 보세요.

• ABC 호텔로 가는 공항버스는 어디에서 타나요?

• 체크인하고 싶어요.

• 여기가 이 지도에서 어디인가요?

• 이 근처에서 가장 맛있는 샌드위치 가게가 어디에 있나요?

• 걸어서 얼마나 걸리나요?

05 웹사이트를 번역하기 위해 위쪽의 '**웹사이트 번역**'을 클릭하고 **미국 자연사 박물관** 웹사이트 주소인 '**www.amnh.org**'를 입력한 후 **번역하기(→)** 버튼을 클릭해요.

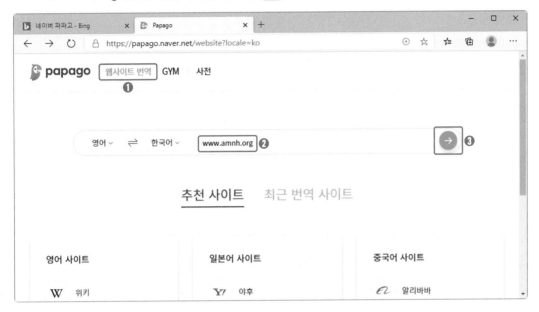

06 미국 자연사 박물관 웹사이트가 영어에서 한국어로 통째로 번역돼요.

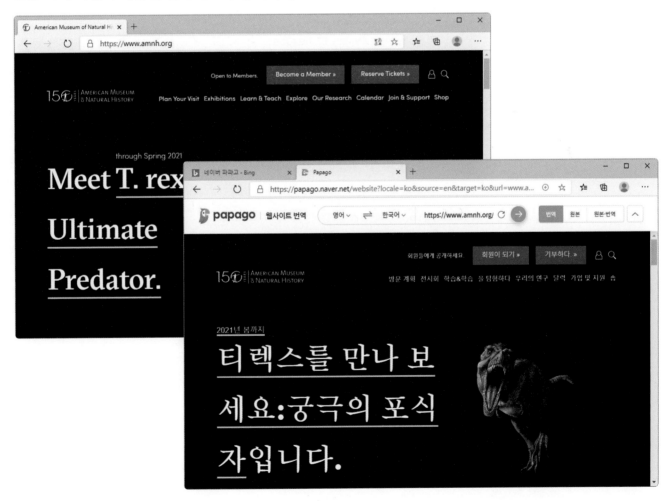

구글 번역으로 번역하기

01 주소 표시줄에 **"구글 번역"**을 검색한 후 'Google 번역'을 클릭해요.

02 왼쪽에 **"방에 키를 두고 나왔어요."**를 입력하고 오른쪽의 **'영어'**를 클릭하면 영어로 번역돼요.

03 **"사람이 많은 장소에서는 마스크를 써야 한다."**는 내용을 영어로 번역한 후 번역된 내용을 적어 보세요.

① 번역 사이트를 이용하여 다음의 가로세로 낱말퀴즈를 풀어 보세요.

· 완성 파일 : 낱말퀴즈(완성).jpg

1						2
3			4			
5	6			7		
	8					

가로

1. 눈썹
3. 검은색
5. 흰색
8. 혀

세로

1. 팔꿈치
2. 환영하다
4. 고양이
6. 모자
7. 달걀

② 다음의 상황을 생각해보고 두 사람의 대화를 영어로 번역한 후 적어 보세요.

[액티비티 1] 크롬 설치하고 이스터 에그 즐기기

인터넷을 이용하려면 웹 브라우저가 필요해요. 윈도우10에 기본으로 설치된 마이크로소프트 엣지(Microsoft Edge)도 있지만, 크롬(Chrome)을 가장 많이 사용해요. 크롬을 설치한 후에 크롬에 숨겨져 있는 재미있는 기능인 '이스트 에그(Easter Egg)'를 즐겨 보세요.

1 크롬 설치하기

01 Microsoft Edge(🌐)를 실행하고 주소 표시줄에 **"구글 크롬"**으로 검색한 후 'Chrome 웹브라우저 – Google'을 클릭해요.

02 구글 크롬 페이지에서 [Chrome 다운로드]를 클릭해요.

03 아래쪽의 알림 표시에서 [파일 열기]를 클릭해요.

04 [사용자 계정 컨트롤] 창이 나타나면 [예] 버튼을 클릭해요.

05 구글 크롬 설치가 완료되면 [시작하기] 버튼을 클릭해요.

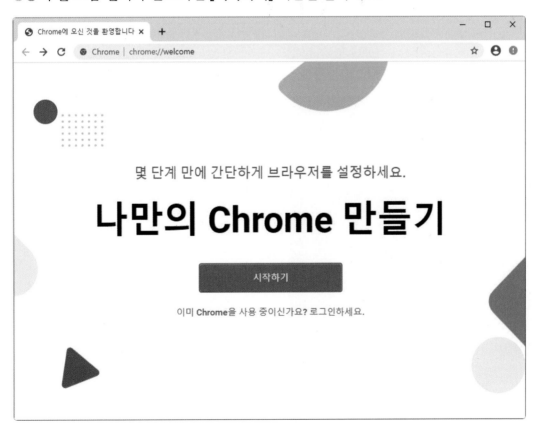

스네이크 게임하기

01 "snake game"으로 검색한 후 스네이크 플레이하기의 [플레이] 버튼을 클릭해요.

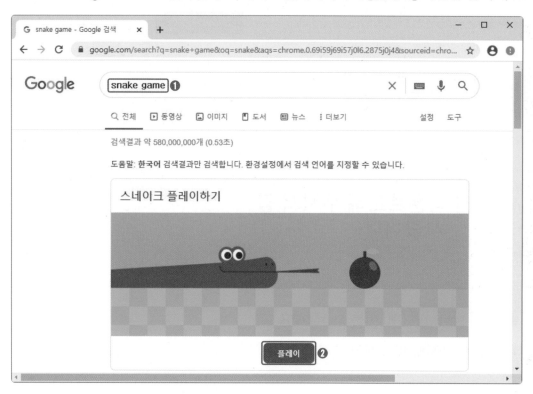

02 키보드의 방향키를 눌러 게임을 여러 번 해보고 사과를 최대 몇 개 먹었는지 개수를 적어 보세요.

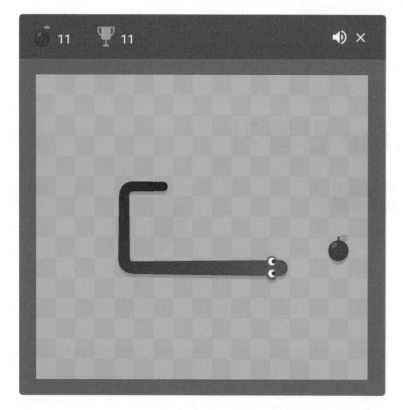

개

 틱택토 게임하기

01 "tic tac toe"로 검색한 후 게임 레벨을 선택해요.

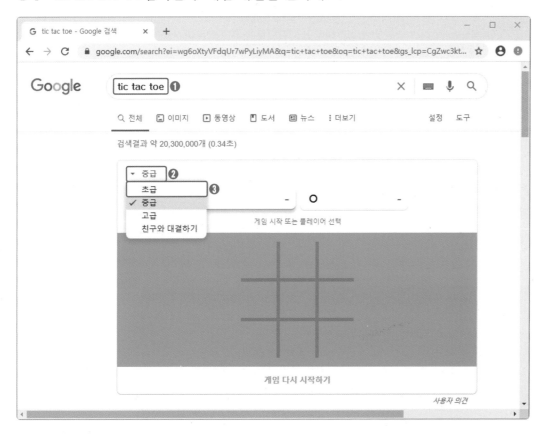

02 컴퓨터와 번갈아가면서 O와 X를 써서 같은 표시를 **가로, 세로,** 또는 **대각선**에 놓아 보세요. 실력이 늘면 레벨을 높이거나 친구와 대결해 보세요.

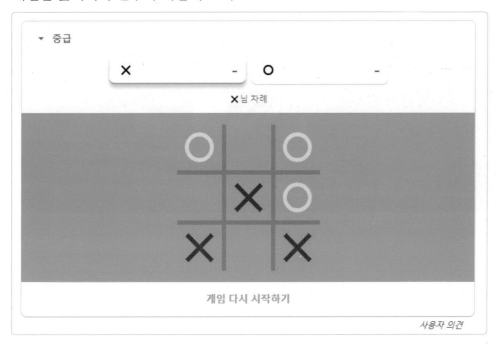

09 시드니 오페라 하우스 배경 만들기

오스트레일리아를 다녀온 한결이는 시드니 오페라 하우스가 매우 인상적이었어요. 그래서 컴퓨터 바탕 화면 배경을 오페라 하우스 사진으로 바꾸고 싶은데, 사진 하나만 계속 보면 지겨울 것 같아요. 여러 장의 사진이 정해진 시간이 지나면 자동으로 바뀌게 만들어 볼까요?

★ 바탕 화면 배경을 슬라이드 쇼로 설정할 수 있습니다.
★ 슬라이드 쇼용 앨범을 선택할 수 있습니다.
★ 사진이 변경되는 시간 간격을 설정할 수 있습니다.

실습 파일 : 시드니 오페라 하우스-1~8.jpg   완성 파일 : 없음

미리보기

 오늘 배울 기능

» **바탕 화면 배경 슬라이드 쇼 설정** : [개인 설정]-[배경]-[슬라이드 쇼]
» **슬라이드 쇼 시간 설정** : [다음 간격마다 사진 변경]-[1분/10분/30분/1시간/6시간/1일]
» **다음 바탕 화면 배경** : 바탕 화면에서 마우스 오른쪽 버튼을 클릭 - [다음 바탕 화면 배경]

오스트레일리아에 대해서 알아볼까요?

· 수도 :

· 유명한 곳 :

· 음식 : 캥거루 스테이크

· 인사말 : 헬로우, 굿다이 마잇

 바탕 화면 배경 지정하기

01 바탕 화면의 빈 곳에서 마우스 오른쪽 버튼을 클릭하여 [개인 설정]을 선택해요.

02 배경을 '**슬라이드 쇼**'로 지정한 후 [**찾아보기**] 버튼을 클릭해요.

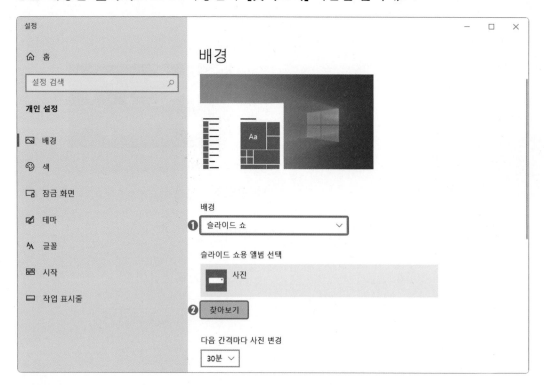

'슬라이드 쇼'는 바탕 화면 배경 이미지가 일정 시간 단위로 계속 변경되는 기능입니다.

03 [폴더 선택] 대화상자에서 시드니 오페라 하우스 사진들이 들어 있는 [**09차시**]-[**실습파일**]-[**시드니 오페라 하우스**] 폴더를 지정한 후 [**이 폴더 선택**] 버튼을 클릭해요.

04 [다음 간격마다 사진 변경]에서 '**1분**'으로 지정한 후 닫기 버튼을 클릭해요.

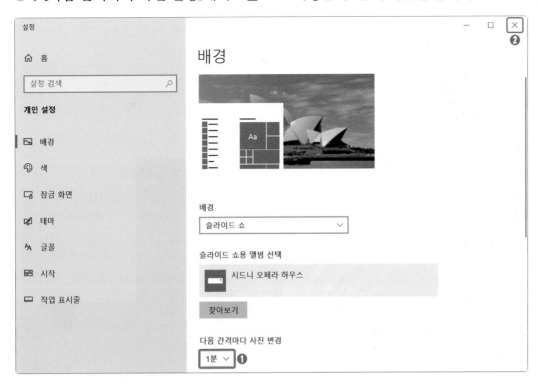

05 첫 번째 사진이 바탕 화면 배경으로 지정돼요. 시드니 오페라 하우스가 정말 아름답고 웅장하죠?

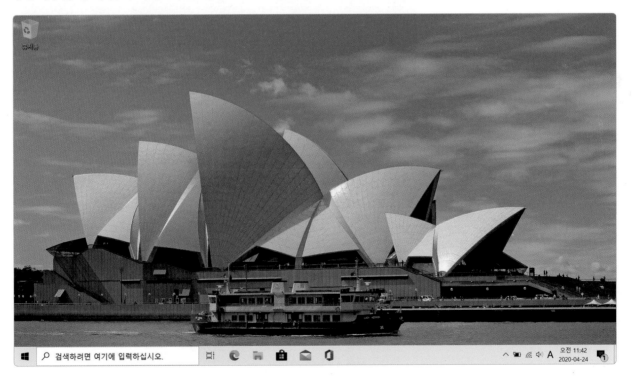

06 지정된 시간인 **1분**이 지날 때마다 다음과 같이 바탕 화면 배경이 변경돼요.

07 지정된 시간이 지나기 전에 바탕 화면 배경을 바꾸려면 바탕 화면에서 마우스 오른쪽 버튼을 클릭하여 [**다음 바탕 화면 배경**]을 선택해요.

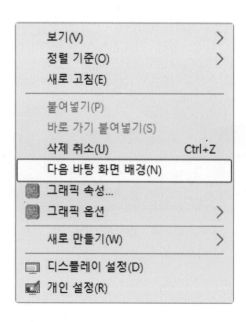

1 오스트레일리아에는 신기한 동물들이 많이 살고 있어요. 동물들의 사진을 보고 이름을 채워 보세요.

왈 ㄹ 비   오 ㄹ ㄴ ㄱ 리

ㅇ 뮤   ㅂ ㄴ 두 더 지

2 바탕 화면 배경을 [09차시]-[실습파일]-[오스트레일리아 동물] 폴더의 사진들로 '슬라이드 쇼'로 설정해 보세요.

· 실습 파일 : [오스트레일리아 동물] 폴더

특명! 자유의 여신상을 조립하라!

미국 뉴욕의 리버티 섬에 있는 자유의 여신상은 프랑스가 1886년에 미국의 독립 100주년을 기념하여 선물한 조각상이에요. 프랑스에서 만든 자유의 여신상을 214개의 조각으로 분리하여 미국까지 옮긴 후 조립했다는데, 우리도 자유의 여신상을 조립해 볼까요?

학습목표
★ 직소퍼즐 익스플로러 사이트에 접속할 수 있습니다.
★ 이미지를 불러와 조각 수를 설정하고 섞을 수 있습니다.
★ 퍼즐 조각을 맞출 수 있습니다.

실습 파일 : 자유의 여신상.jpg, 뉴욕.jpg   완성 파일 : 없음

미리보기

오늘 배울 기능

» **퍼즐 크리에이터 사이트 접속** : www.jigsawexplorer.com
» **이미지 파일 불러와서 퍼즐 조각 개수 설정하기**
» **퍼즐 조각 이동** : 마우스 왼쪽 버튼 드래그

미국에 대해서 알아볼까요?

· 수도 :

· 유명한 곳 :

· 음식 : 햄버거, 핫도그

· 인사말 : 헬로우

2 자유의 여신상 퍼즐 만들어 조립하기

01 [시작(⊞)]-[ⓒ Chrome]을 클릭하여 크롬을 실행한 후 주소 표시줄에 "www.jigsawexplorer.com"을 입력한 후 [Enter]를 눌러 **직소퍼즐 익스플로러** 사이트에 접속해요.

02 주소 표시줄 오른쪽의 번역 아이콘(🔩)을 클릭하고 **'한국어'**를 선택하여 번역한 후 아래로 스크롤하여 **'자신의 사진을 재생하거나 저장된 퍼즐을 계속하십시오'**를 클릭해요.

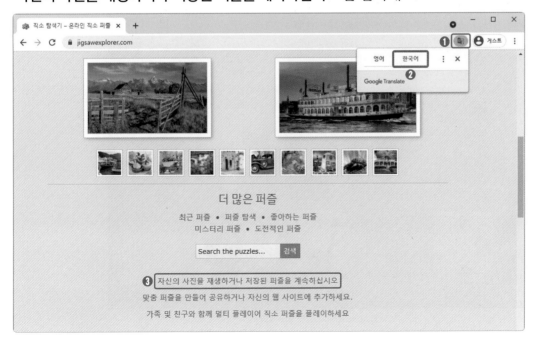

03 저장된 퍼즐이 없다는 메시지가 영어로 표시되면 [OK]를 클릭해요.

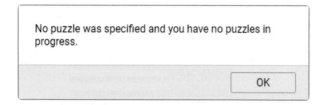

04 왼쪽 위의 **메뉴 아이콘(☰)**에 마우스 포인터를 위치시키고 [**파일 선택**] 버튼을 클릭한 후 [열기] 대화상자에서 [**10차시**]-[**실습파일**] 폴더의 '**자유의 여신상.jpg**' 파일을 선택하고 [**열기**] 버튼을 클릭해요.

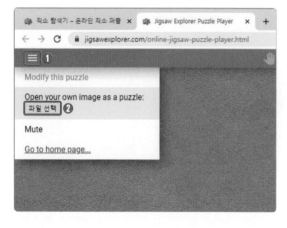

05 퍼즐 조각 개수 아이콘(▦)을 클릭하고 '**12**'를 선택한 후 OK 를 클릭해요.

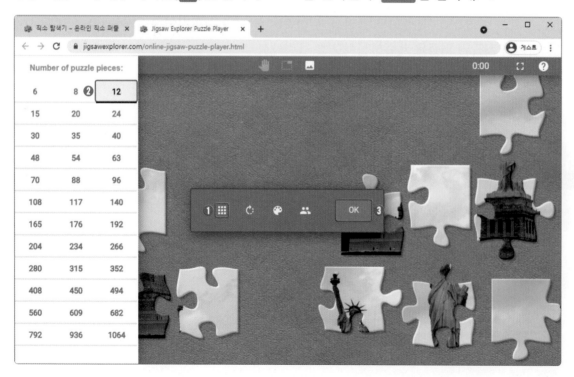

06 마우스 왼쪽 버튼을 드래그하여 퍼즐 조각을 이동시키면서 퍼즐을 맞춰 보세요.

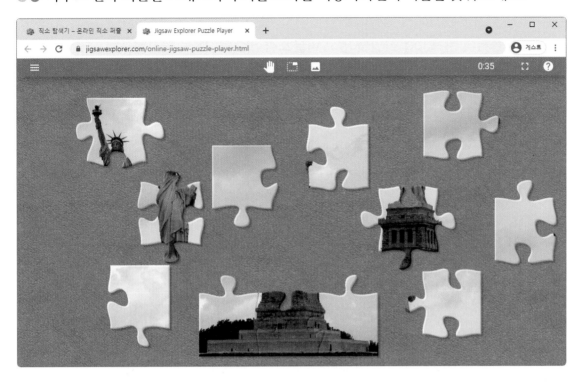

07 퍼즐을 모두 맞추면 환호 장면과 함께 게임 시간이 나와요. 시간이 얼마나 걸렸는지 적어 보세요.

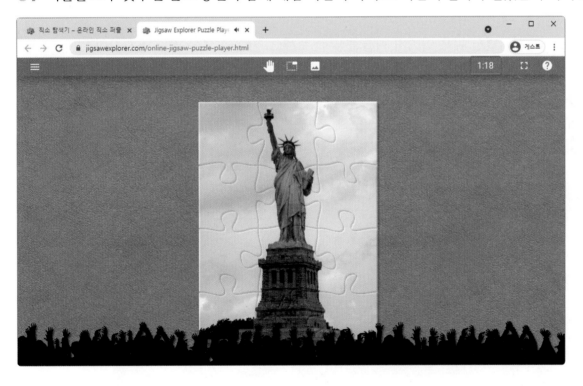

분   초

뉴욕 이미지 퍼즐 만들어 조립하기

01 [10차시]-[실습파일] 폴더의 '뉴욕.jpg' 파일을 열고 **퍼즐 조각 개수**를 '25'로 설정해요.

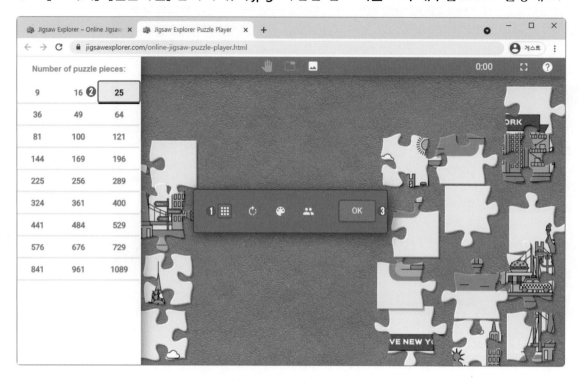

02 퍼즐 조각을 이동시키면서 뉴욕 이미지 퍼즐을 맞춰 보세요. 퍼즐을 모두 맞추고 시간이 얼마나 걸렸는지 적어 보세요.

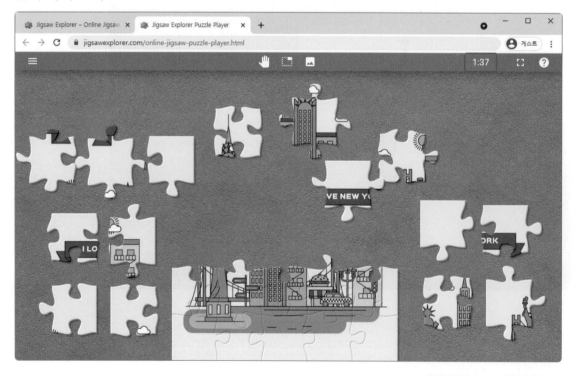

분　　　　초

1 크롬에서 "국토지리정보원 지도게임"을 검색하여 '지도게임 – 국토지리정보원'을 클릭한 후 [USA]를 선택하고 퍼즐을 맞춰 보세요.

구글 어스로 프랑스 파리 에펠 탑 관광하기

구글 어스(Google Earth)는 구글이라는 회사에서 만든 디지털 영상 지도 서비스랍니다. 구글 어스는 지도나 위성 이미지뿐만 아니라 3D 건물 정보 등 다양한 서비스를 제공해요. 한결이와 함께 구글 어스로 프랑스 파리 에펠 탑을 관광해 볼까요?

★ 구글 어스에 접속할 수 있습니다.
★ 원하는 곳을 찾아서 자유자재로 감상할 수 있습니다.
★ 스트리트 뷰로 걸으면서 감상할 수 있습니다.

실습 파일 : 없음   완성 파일 : 없음

미리보기

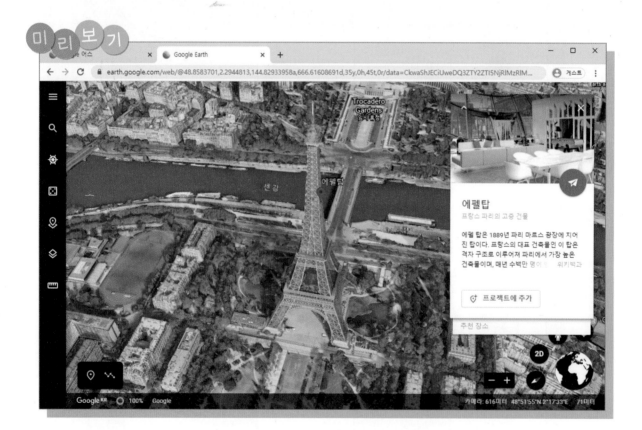

오늘 배울 기능

» **구글 어스 접속하기** : https://www.google.co.kr/intl/ko/earth/
» **여행지 검색하기** : 검색(🔍)
» **스트리트 뷰로 걸으면서 감상하기** : 스트리트 뷰(🧍)

1 프랑스에 대해서 알아볼까요?

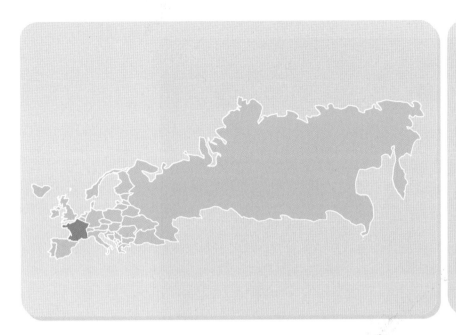

· 수도 :

· 유명한 곳 :

· 음식 : 에스카르고(달팽이 요리)

· 인사말 : 봉주르

2 구글 어스 실행하기

01 [시작(⊞)]-[ⓒ Chrome]을 클릭하여 크롬을 실행한 후 "구글 어스"를 검색하여 'Google 어스'를 클릭해요.

어스(earth)는 '지구'를 의미해요.

02 구글 어스 시작 화면에서 [어스 실행] 버튼을 클릭하면 잠시 후에 구글 어스가 실행돼요.

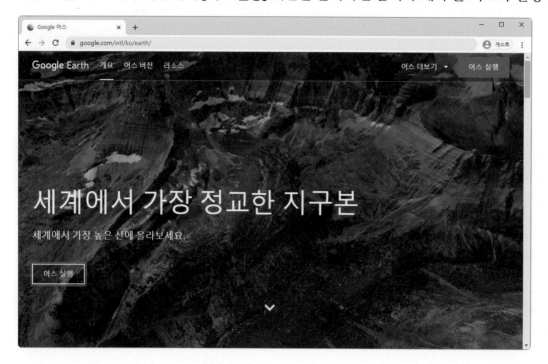

3 에펠 탑 찾아 감상하기

01 왼쪽의 검색(🔍) 아이콘을 클릭하여 "에펠탑"을 입력한 후 [프랑스 파리, Avenue Anatole France, 에펠 탑]을 클릭해요.

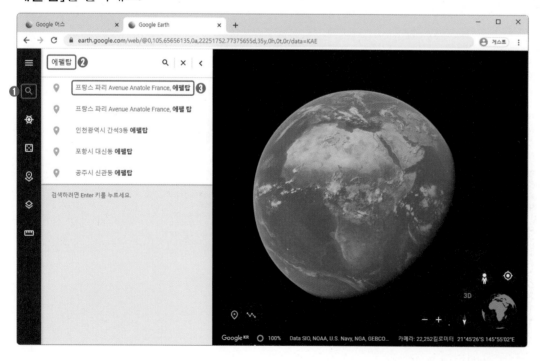

02 에펠 탑이 나타나면 오른쪽의 **지식 카드**를 클릭하여 에펠 탑 정보를 확인한 후 다음 빈 칸을 채워 보세요.

• 에펠 탑은   년 파리   에 지어진 탑이다.

• 높이는   이고, 프랑스의 건축가인   의 이름을 따서 이름 지어졌다.

03 지식 카드의 닫기 버튼을 클릭한 후 다음과 같이 보이도록 다양하게 움직여 보세요.

• 위치 이동하기 : 마우스를 드래그하면 걸어가듯이 이동해요.

• 확대/축소하기 : 마우스 휠을 위/아래로 스크롤해요.

• 내 위치 둘러보기 : Ctrl 키를 누른 채로 드래그하면 고개를 돌리듯이 이동해요.

• 회전하기 : Shift 키를 누른 채로 드래그하면 지도를 기울이거나 회전해요.

스트리트 뷰로 걸으면서 관광하기

01 오른쪽 아래의 **스트리트 뷰**( ) 아이콘을 클릭한 후 파란 실선을 클릭해 보세요.

스트리트(street)는 '거리'를 의미하고, 뷰(view)는 '풍경'을 의미해요.

02 화살표를 클릭하면서 에펠 탑 입구까지 이동한 후 사진을 확대하여 운영 시간을 찾아 적어 보세요.

• 오전   시 ~ 오후   시

① 구글 어스에서 "루브르 박물관"을 검색하여 정보를 확인하고 곳곳을 둘러 보세요.

② 왼쪽의 I'm Feeling Lucky(▦)를 누르면 구글 어스가 마음대로 여러분을 데려다 줘요. 어디로 갔는지 적어 보고 곳곳을 둘러 보세요.

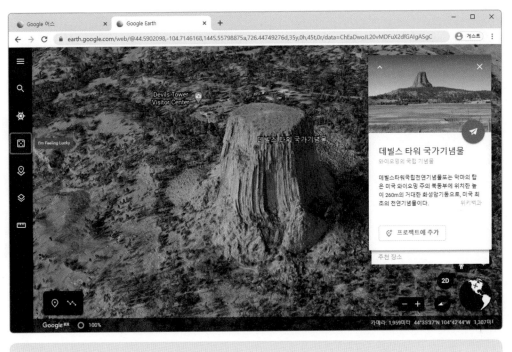

그림판으로 영국 국기 그리기 ★

영국은 잉글랜드, 스코틀랜드, 북아일랜드, 웨일스 4개 지역이 합쳐진 연합 왕국이에요. 그래서 영국 국기는 여러 나라를 상징하고 있으며, 영국 국기를 유니언 잭(Union Jack)이라고 해요. 그림판을 이용하여 영국 국기를 함께 그려 볼까요?

학습목표
★ 그림판 앱을 실행할 수 있습니다.
★ 색을 지정하고 색 채우기를 할 수 있습니다.
★ 작성한 그림을 이미지 파일로 저장할 수 있습니다.

실습 파일 : 영국-국기.png   완성 파일 : 영국-국기(완성).jpg

 미리보기

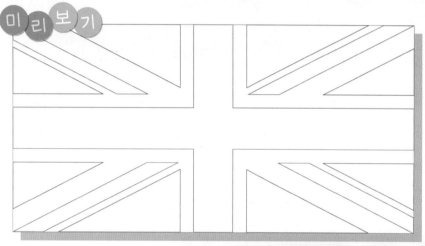

오늘 배울 기능

» **색 채우기** : [홈] 탭-[도구] 그룹-[색 채우기]
» **색 편집하기** : [홈] 탭-[색] 그룹-[색 편집]
» **그림 파일 저장하기** : [파일]-[다른 이름으로 저장]

영국에 대해서 알아볼까요?

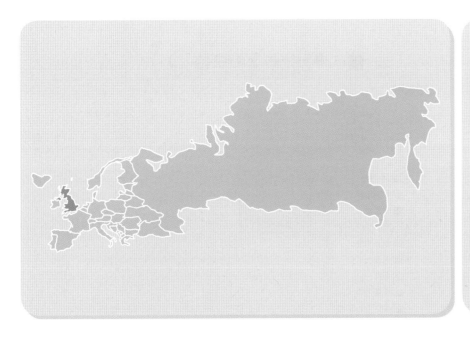

· 수도 :

· 유명한 곳 :

· 음식 : 피쉬 앤 칩스

· 인사말 : 헬로우, 하이야

 그림판에서 파일 불러오기

01 그림판 앱을 실행하기 위해 [시작(⊞)]-[Windows 보조프로그램]-[그림판]을 클릭해요.

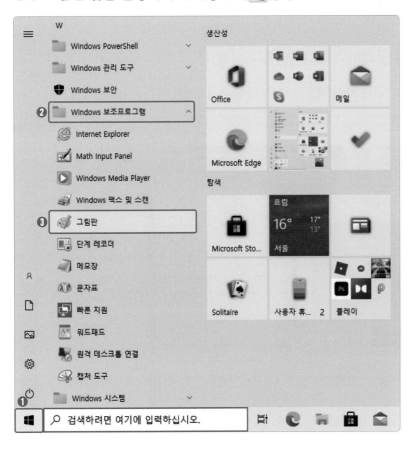

작업 표시줄의 검색 상자에 "그림판" 또는 "mspaint"를 입력하고 Enter 를 눌러도 그림판 앱이 실행됩니다.

| ⊞ | 🔍 그림판 |

02 그림을 열기 위해 [파일]–[열기] 메뉴를 클릭한 후 [열기] 대화상자가 나타나면 [12차시]–[실습파일] 폴더의 **'영국–국기.png'**를 선택하고 [열기] 버튼을 클릭해요.

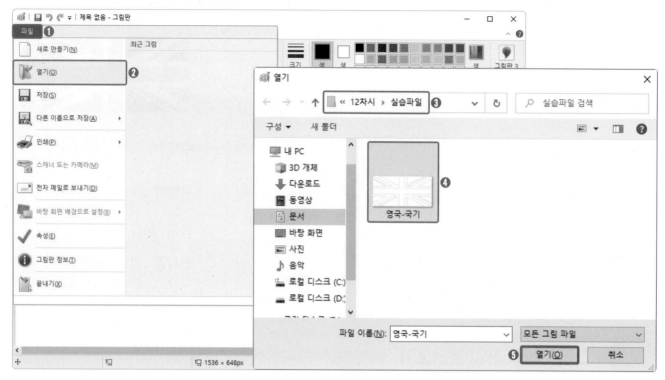

3 영국 국기 색칠하기

01 [홈] 탭–[도구] 그룹–[색 채우기(🪣)]를 클릭하고 [색 편집]을 클릭해요.

02 [색 편집] 대화상자에서 **빨강 '207'**, **녹색 '20'**, **파랑 '43'**으로 지정한 후 [확인] 버튼을 클릭해요.

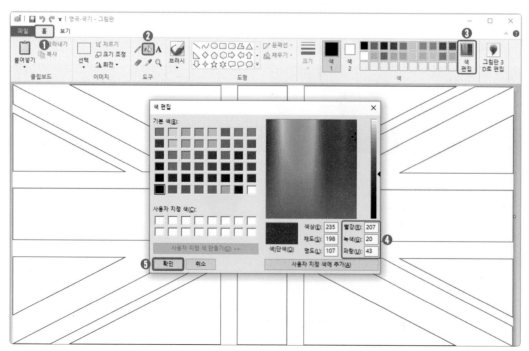

03 빨강 테두리 영역의 안쪽을 클릭하여 지정한 색으로 채워요.

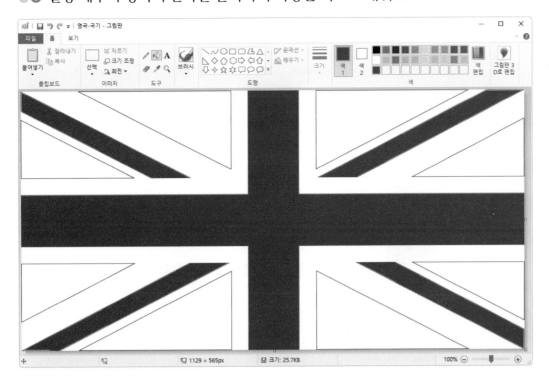

04 [색 편집]을 클릭하고 [색 편집] 대화상자에서 **빨강 '0', 녹색 '36', 파랑 '125'**로 지정한 후 [확인] 버튼을
클릭해요.

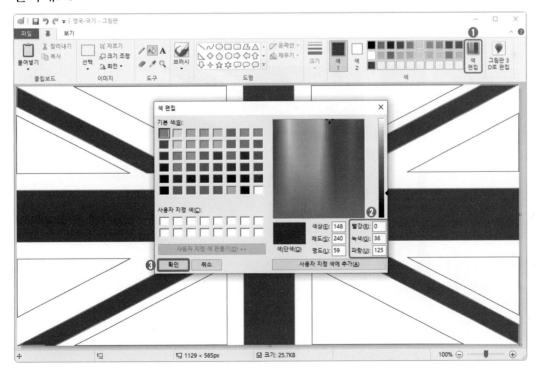

05 파랑 테두리 영역의 안쪽을 클릭하여 지정한 색으로 채워요.

06 [파일]-[다른 이름으로 저장]-[JPEG 그림]을 클릭하여 "영국-국기(완성)"으로 저장해 보세요.

1 뉴질랜드 국기에는 영국 국기가 포함되어 있어요. 주어진 힌트를 참고하여 뉴질랜드 국기를 그려 보세요.

· 실습 파일 : 국기-바탕.jpg, 영국-국기(소).jpg   · 완성 파일 : 뉴질랜드-국기(완성).jpg

힌트 ★

- 그림판에서 '영국-국기(소).jpg'를 열고 [선택]-[모두 선택]을 클릭한 후 [복사]를 클릭해요.
- '국기-바탕.jpg'를 열고 [붙여넣기]를 클릭해요.
- '5각별' 도형을 선택하고 윤곽선과 채우기를 '단색'으로 지정해요.
- 크기를 '3px'로 지정해요.
- 도형의 윤곽선 색인 [색 1]은 흰색으로 지정해요.
- 도형의 채우기 색인 [색 2]는 빨강 '207', 녹색 '20', 파랑 '43'으로 지정해요.
- Shift를 누른 채 드래그하여 별을 그려요.

뉴질랜드 국기

- 뉴질랜드는 오스트레일리아(호주)의 오른쪽 아래에 있는 섬나라에요.
- 왼쪽 위의 영국 국기는 뉴질랜드가 영국 연방에 속해 있다는 것을 나타내요.
- 진한 파랑 바탕은 남태평양을 나타내요.
- 흰색 테두리를 두른 빨간색 오각별 4개는 남십자성을 나타내요.
- 오스트레일리아 국기도 뉴질랜드 국기와 비슷해요.

13 네팔의 에베레스트산은 얼마나 높을까?

네팔에 도착한 한결이는 지구에서 가장 높은 산인 에베레스트산에 갔어요. 에베레스트산의 높이가 8,848m라고 하는데, 산의 높이가 가늠이 안 되었어요. 에베레스트산이 얼마나 높은지 한라산, 백두산, 후지산, 킬리만자로산, 안나푸르나산과 비교해 볼까요?

★ 파워포인트를 실행하여 파일을 열 수 있습니다.
★ 그림을 삽입하여 크기와 위치를 조절할 수 있습니다.
★ 그림을 뒤로 보낼 수 있습니다.

실습 파일 : 네팔-에베레스트.pptx, (한라산,백두산,후지산,킬리만자로산,안나푸르나산,에베레스트산).jpg
완성 파일 : 네팔-에베레스트(완성).pptx

미 리 보 기

 오늘 배울 기능

» **파워포인트 프로그램 실행하기** : [시작(⊞)]-[P3 PowerPoint 2016]
» **그림 삽입** : [삽입] 탭-[이미지] 그룹-[그림]
» **개체 맨 뒤로 보내기** : 마우스 오른쪽 버튼 클릭 후 [맨 뒤로 보내기]-[맨 뒤로 보내기]

1 네팔에 대해서 알아볼까요?

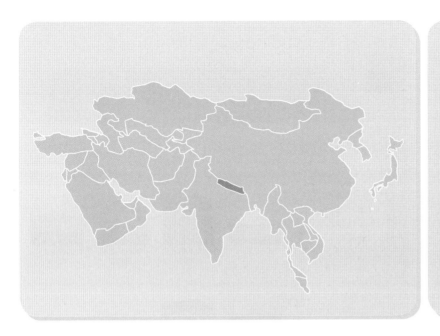

· 수도 :

· 명소 : 에베레스트산 (m)

· 음식 : 달밧, 수유차, 모모

· 인사말 : 나마스테

2 실습 파일 불러오기

01 [시작(■)]-[PowerPoint 2016]을 클릭하여 파워포인트 프로그램을 실행한 후 [다른 프레젠테이션 열기]를 클릭해요.

02 [찾아보기]를 클릭하여 [열기] 대화상자가 나타나면 [13차시]-[실습파일] 폴더의 '네팔-에베레스트.pptx' 파일을 선택한 후 [열기] 버튼을 클릭해요.

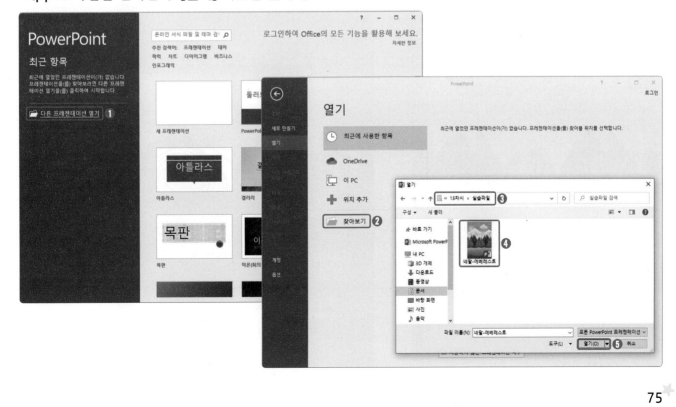

03 [삽입] 탭-[이미지] 그룹-[그림]을 클릭하여 [그림 삽입] 대화상자가 나타나면 [13차시]-[실습파일] 폴더의 '한라산(1950).png' 파일을 선택한 후 [삽입] 버튼을 클릭해요.

04 그림을 드래그하여 한라산 윗부분이 '1950m' 높이가 되도록 한 후 크기 조정 핸들을 오른쪽 아래로 드래그해요.

05 같은 방법으로 '백두산(2774).png'를 삽입하여 위치와 크기를 조정한 후 마우스 오른쪽 버튼을 클릭하여 [맨 뒤로 보내기]-[맨 뒤로 보내기]를 클릭해요.

06 '후지산(3776).png'를 삽입하여 위치와 크기를 조정한 후 맨 뒤로 보내요.

07 '킬리만자로산(5895).png'를 삽입하여 위치와 크기를 조정한 후 맨 뒤로 보내요.

08 '안나푸르나산(8091).png'와 '에베레스트산(8848).png'를 삽입하여 위치와 크기를 조정한 후 맨 뒤로 보내면 에베레스트산이 얼마나 높은지 알 수 있어요.

1 크롬( )을 실행하여 구글 어스에 접속한 후 에베레스트산 정상에서 세상을 내려다 보세요.

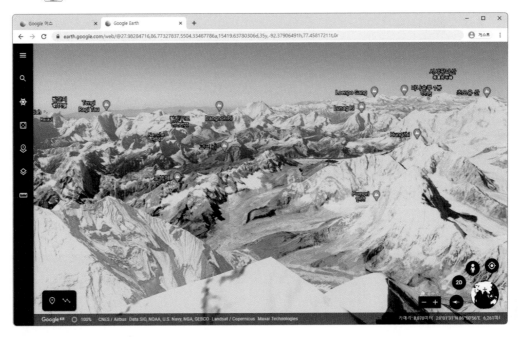

2 [13차시]-[실습파일] 폴더의 '네팔-퍼즐.pptx' 파일을 열어 네팔 지도를 완성해 보세요.

· 실습 파일 : 네팔-퍼즐.pptx   · 완성 파일 : 네팔-퍼즐(완성).pptx

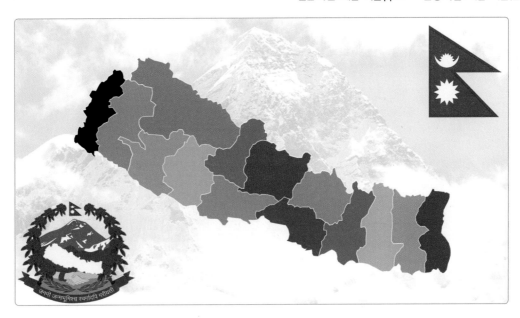

14 이탈리아에서 피사의 사탑 인증샷 찍기

이탈리아 피사시에는 기울어진 탑인 피사의 사탑이 있어요. 갈릴레이의 낙하 실험으로도 유명한데, 이곳을 다녀가면 꼭 찍는 인증샷이 있어요. 기울어진 피사의 사탑을 떠받치고 있는 듯한 사진인데요. 파워포인트의 배경 제거 기능을 활용하여 피사의 사탑 인증샷을 찍어 볼까요?

 학습 목표
★ 파워포인트를 실행하여 그림을 삽입할 수 있습니다.
★ 배경을 제거할 수 있습니다.
★ 사진을 합성할 수 있습니다.

실습 파일 : 피사의 사탑.pptx, 내모습.jpg   **완성 파일** : 피사의 사탑 인증샷.pptx

미리보기

오늘 배울 기능

» **그림 좌우 대칭시키기** : [그림 도구-서식] 탭-[정렬] 그룹-[회전]-[좌우 대칭]

» **배경 제거하기** : [그림 도구-서식] 탭-[조정] 그룹-[배경 제거]

» **제거/보관할 영역 수동 지정하기** : [배경 제거] 탭-[고급 검색] 그룹-[제거할 영역 표시] / [보관할 영역 표시]

이탈리아에 대해서 알아볼까요?

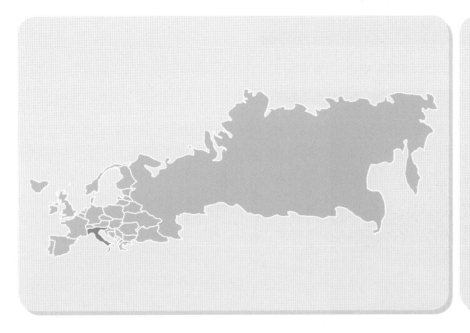

· 수도 :

· 유명한 곳 :

· 음식 : 피자, 파스타

· 인사말 : 챠오

2 **실습 파일 불러와서 그림 삽입하기**

01 [시작(⊞)]–[PowerPoint 2016]을 클릭하여 파워포인트 프로그램을 실행한 후 [다른 프레젠테이션 열기]를 클릭해요.

02 [찾아보기]를 클릭하여 [열기] 대화상자가 나타나면 [14차시]–[실습파일] 폴더의 '피사의 사탑.pptx' 파일을 선택한 후 [열기] 버튼을 클릭해요.

03 [삽입] 탭-[이미지] 그룹-[그림]을 클릭하여 [그림 삽입] 대화상자가 나타나면 [14차시]-[실습파일] 폴더의 '내모습.jpg' 파일을 선택한 후 [삽입] 버튼을 클릭해요.

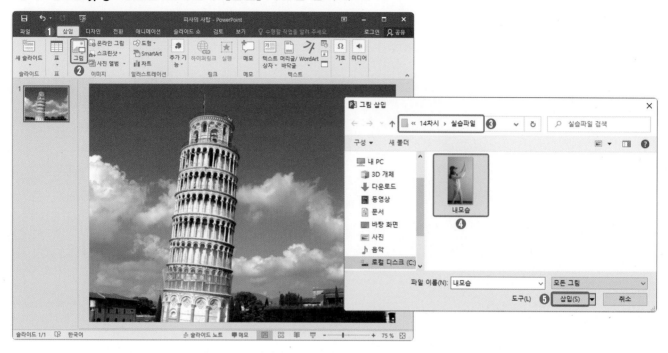

04 그림을 좌우 대칭시키기 위하여 [그림 도구-서식] 탭-[정렬] 그룹-[회전]-[좌우 대칭]을 클릭해요.

3 그림 배경 제거하기

01 그림의 배경을 제거하기 위해 [그림 도구-서식] 탭-[조정] 그룹-[배경 제거]를 클릭해요.

02 크기 조정 핸들을 드래그하여 인물이 최대한 보이도록 조정해요.

03 추가로 제거할 영역을 표시하기 위해 [배경 제거] 탭-[고급 검색] 그룹-[제거할 영역 표시]를 클릭한 후 제거할 영역을 여러 번 드래그해요.

04 제거된 부분 중에서 일부를 살리기 위해 [배경 제거] 탭-[고급 검색] 그룹-[보관할 영역 표시]를 클릭한 후 보관할 영역을 여러 번 드래그해요.

05 배경이 제거된 내 모습의 크기와 위치를 조정하면 인증샷이 완성돼요.

1 마스크를 쓰지 않은 친구를 바이러스로부터 보호하기 위해 [14차시]-[실습파일] 폴더의 '마스크 미착용.pptx' 파일을 열어 마스크의 배경을 제거한 후에 씌워주세요.

· 실습 파일 : 마스크 미착용.pptx, 마스크.jpg · 완성 파일 : 마스크 착용.pptx

- 마스크의 배경을 제거하고 크기와 위치를 조정하세요.
- 마스크를 살짝 회전시키면 훨씬 더 자연스럽게 보입니다.

인공 지능으로 브라질 아마존 동물 그리기

한결이는 브라질의 아마존 밀림에서 보았던 동물을 그림으로 그려보고 싶었지만, 그림 실력이 부족해서 고민이에요. 그런데 그림을 대충 그려도 인공 지능이 알아서 예쁜 그림으로 바꿔준 다고 하는데, 다 같이 인공 지능으로 아마존 동물을 그려볼까요?

학습 목표

★ 오토드로우(AutoDraw) 사이트에 접속할 수 있습니다.
★ 그리기 색을 변경하고 원하는 색으로 채울 수 있습니다.
★ 인공 지능이 이해한 그림을 이미지 파일로 저장할 수 있습니다.

실습 파일 : 없음   완성 파일 : autodraw.png

미리보기

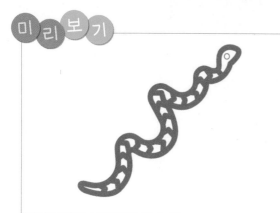

타란툴라

오늘 배울 기능

» **오토드로우 접속하기** : www.autodraw.com
» **자동 그리기** : 그림을 그린 후 인공 지능이 이해한 그림 중에서 클릭하기
» **이미지 파일로 저장하기** : [메뉴]-[Download]

브라질에 대해서 알아볼까요?

· 수도 :

· 유명한 곳 :

· 음식 : 페이조아다, 빠스텔

· 인사말 : 올라

2 **오토드로우 사이트 접속하기**

01 크롬(ⓒ)을 실행하여 "**오토드로우**"를 검색한 후 'AutoDraw'를 클릭해요.

02 AutoDraw 첫 화면에서 [Start Drawing] 버튼을 클릭해요.

3 아마존에서 본 동물 그리기

01 아마존에서 보았던 **아나콘다**를 그려 보세요.

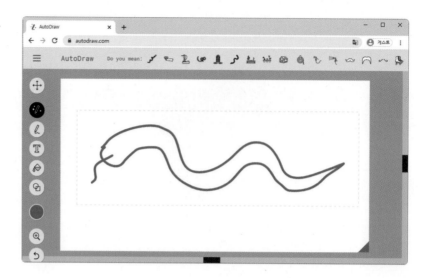

02 여러분이 그린 그림을 인공 지능이 이해한 그림들이 위에 나타나는데, 그 중에서 **뱀**을 클릭하면 멋진 뱀이 자동으로 그려져요.

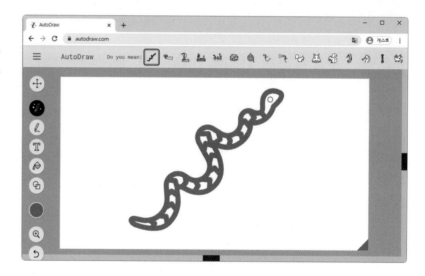

03 **선택 아이콘(⊕)**을 클릭하고 그림 개체를 클릭하여 선택한 후 Delete 를 눌러 지워요.

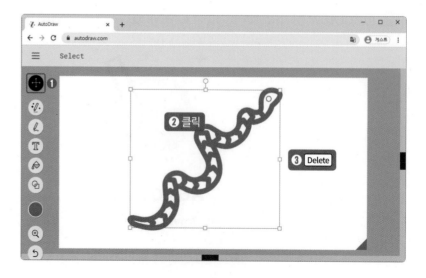

04 왼쪽의 **자동 그리기 아이콘**( )을 클릭하고 선 색을 바꾸기 위해 **색상 아이콘**( )의 오른쪽 화살표( )를 클릭한 후 **진한 갈색**을 선택해요.

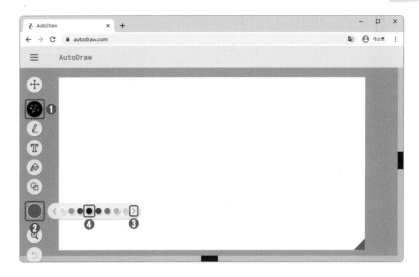

05 이번에는 **악어**를 그려 보세요.

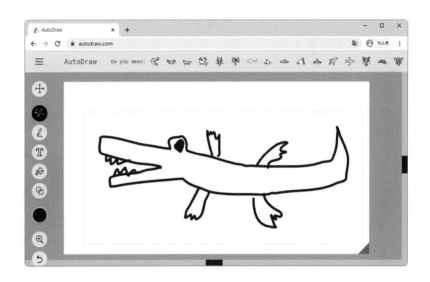

06 인공 지능이 이해한 그림 중에서 마음에 드는 **악어**를 클릭하세요.

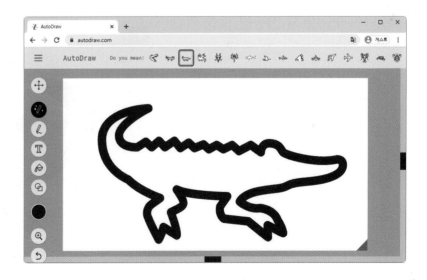

07 색상을 **갈색**으로 변경하고 **채우기 아이콘**(⟐)을 클릭한 후 그림 안쪽을 클릭하여 색을 채워 보세요.

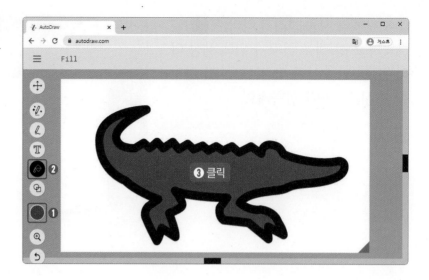

4 ▶ 이미지 파일로 저장하기

01 왼쪽 위의 **메뉴 아이콘**(☰)을 클릭하고 [Download] 메뉴를 클릭한 후 내려받은 이미지 파일을 클릭해요.

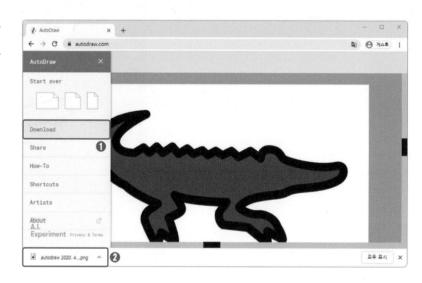

02 이미지 파일로 저장된 것을 확인해요.

1 큰 거미인 '타란툴라'를 다음과 같이 그리고 색칠한 후 텍스트를 입력해 보세요.

· 완성 파일 : 타란툴라.png

2 아마존의 전통가옥 '말로까' 사진을 보고 그림을 그린 후 인공 지능이 이해한 그림 중에서 비슷한 그림을 골라 색칠해 보세요.

· 완성 파일 : 말로까.png

 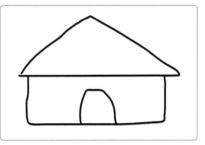

[액티비티 2] 퀵 드로우 그리기 대회

퀵 드로우는 구글이 개발한 온라인 게임으로, 제시된 주제에 해당하는 그림을 여러분이 그리면 인공 지능이 맞히는 게임이에요. 인공 지능은 여러분이 그린 그림을 통해 계속해서 학습을 하면서 똑똑해진답니다. 그럼 누가 더 많이 맞히는지 대결해 볼까요?

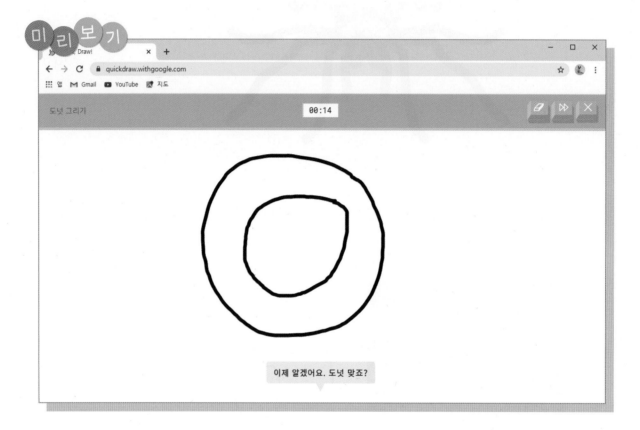

게임을 해보고 결과를 적어 보세요.

구분	1차	2차	3차	4차	5차
맞힌 개수					
틀린 개수					

1 퀵 드로우 접속하기

01 크롬( )을 실행하여 "퀵 드로우"를 검색한 후 'Quick, Draw!'를 클릭해요.

02 퀵 드로우 사이트의 [시작하기]를 클릭해요.

제시된 단어의 그림 그리기

01 제시된 **그림 주제**를 확인한 후 [알겠어요!]를 클릭해요.

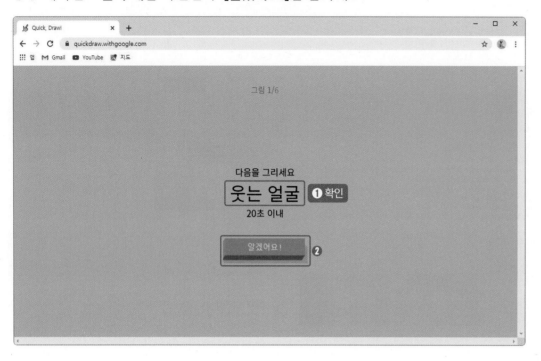

02 마우스로 드래그하여 그림을 그려요.

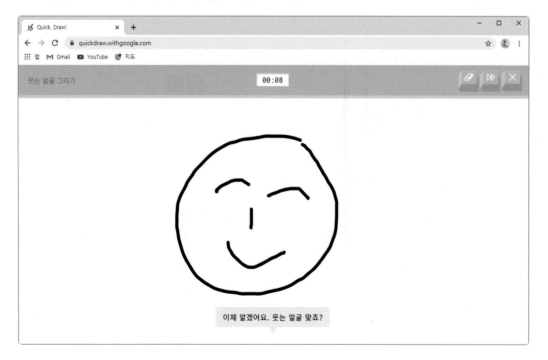

3 결과 확인하기

01 6개 중에 몇 개를 맞혔는지 확인하고, 인공 지능이 알아보지 못한 그림을 클릭해 보세요.

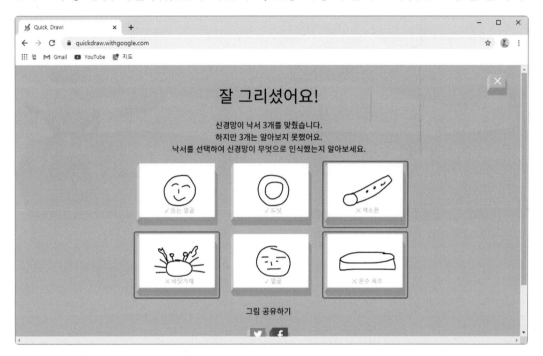

02 인공 지능이 여러분의 그림을 무엇으로 생각했는지, 인공 지능이 어떻게 학습했는지를 확인해요.

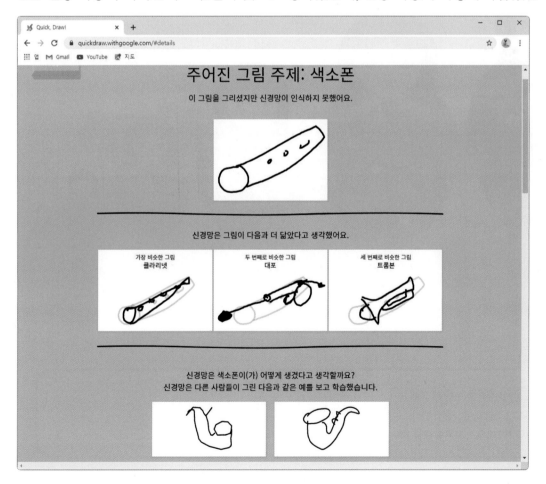

17

러시아 인형 마트료시카 만들기

러시아로 여행을 간 한결이는 러시아 친구들이 가지고 노는 인형이 매우 신기했어요. 나무로 된 인형 안에 더 작은 인형이 들어가 있고 그걸 열면 또 그 안에 작은 인형이 반복적으로 있었 거든요. 러시아 인형 '마트료시카'를 만들어 볼까요?

학습 목표
★ 인형을 복제하여 여러 개로 만들 수 있습니다.
★ 인형의 크기와 색을 변경할 수 있습니다.
★ 인형을 정렬하고 개체 순서를 변경할 수 있습니다.

실습 파일 : 러시아-인형.pptx   완성 파일 : 러시아-인형(완성).pptx

 미리보기

오늘 배울 기능

» **그림 복제하기** : Ctrl + Shift 를 누른 채 드래그
» **그림 색깔 바꾸기** : [그림 도구-서식] 탭-[조정] 그룹-[색]-[다시 칠하기]
» **개체 맨 뒤로 보내기** : 마우스 오른쪽 버튼 클릭 후 [맨 뒤로 보내기]-[맨 뒤로 보내기]

러시아에 대해서 알아볼까요?

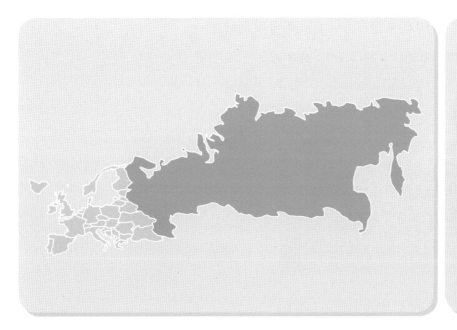

· 수도 :

· 유명한 곳 : 크렘린, 붉은 광장

· 음식 : 흑빵, 보르시, 샤실리크

· 인사말 : 즈드랏스부이쩨

실습 파일 불러오기

01 [시작(■)]-[■ PowerPoint 2016]을 클릭하여 파워포인트 프로그램을 실행한 후 [다른 프레젠테이션 열기]를 클릭해요.

02 [찾아보기]를 클릭하여 [열기] 대화상자가 나타나면 [17차시]-[실습파일] 폴더의 '러시아-장난감.pptx' 파일을 선택한 후 [열기] 버튼을 클릭해요.

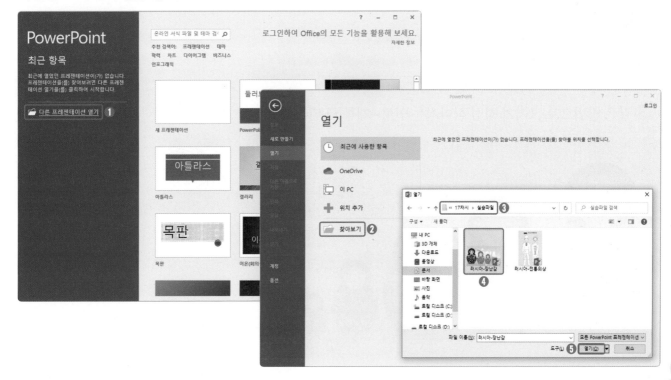

크기가 작은 인형 여러 개 만들기

01 인형을 선택하고 Ctrl + Shift 를 누른 채 드래그하여 오른쪽에 복제해요.

02 오른쪽 위의 크기 조정 핸들을 왼쪽 아래로 드래그하여 크기를 작게 만들어요.

03 같은 방법으로 크기가 점점 작아지는 인형 4개를 더 만들어요.

4 인형 색깔 변경하기

01 인형의 색깔을 변경하기 위해 두 번째 인형을 선택한 후 [그림 도구-서식] 탭-[조정] 그룹-[색]-[파랑, 밝은 강조색 1]을 클릭해요.

02 이번에는 세 번째 인형을 선택한 후 [주황, 밝은 강조색 2]를 클릭하여 색깔을 변경해요.

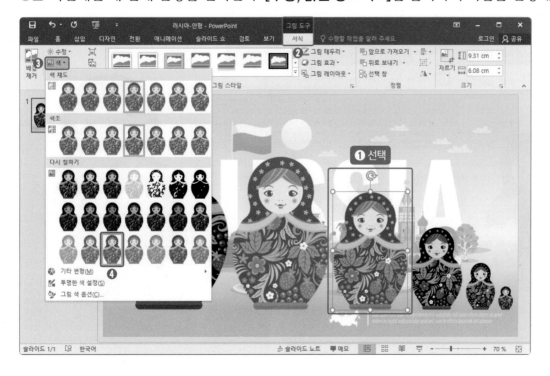

03 같은 방법으로 4~6번째 인형의 색깔을 바꿔요.

- 4번째 인형 : 황금색, 밝은 강조색 4
- 5번째 인형 : 녹색, 밝은 강조색 6
- 6번째 인형 : 회색조

5 인형 정렬하고 순서 변경하기

01 인형들을 가운데로 모으기 위해 Shift를 누른 채 모든 그림을 클릭하여 선택한 후 [그림 도구-서식] 탭-[정렬] 그룹-[맞춤]-[가운데 맞춤]을 클릭해요

Ctrl+A를 눌러도 모든 개체들을 선택할 수 있습니다.

100

02 두 번째 파란색 인형을 마우스 오른쪽 버튼으로 클릭하여 [맨 뒤로 보내기]-[맨 뒤로 보내기]를 클릭해요.

03 이번에는 세 번째 주황색 인형을 맨 뒤로 보내요.

04 같은 방법으로 4~6번째 인형을 각각 순서대로 맨 뒤로 보내요.

05 드디어 러시아 인형 마트료시카가 완성되었어요. 제일 큰 인형부터 하나씩 위치를 옮기면서 가지고 놀아 보세요.

1 [17차시]-[실습파일] 폴더의 '러시아-전통의상.pptx' 파일을 열어 각 개체를 선택하고 [그리기
도구-서식] 탭-[도형 스타일] 그룹-[도형 채우기]를 클릭하여 러시아 전통 의상을 색칠해 보세요.

· 실습 파일 : 러시아-전통의상.pptx   · 완성 파일 : 러시아-전통의상(완성).pptx

태국의 전통 음식 똠얌꿍 소개하기

태국에서 더위를 먹었던 한결이는 뜨거운 똠얌꿍 한 그릇으로 기력을 금방 회복했어요. 그래서 친구들에게 태국 전통 음식 똠얌꿍을 꼭 소개하고 싶었어요. 한글 프로그램에서 똠얌꿍 소개 자료를 멋지게 만들어 볼까요?

미리보기

태국 똠얌꿍 소개

마린초등학교 정한결

똠 : 끓이다
얌 : 새콤한 맛
꿍 : 새우

똠얌꿍은 새우를 넣어 끓인 맵고 새콤한 음식이에요.
한국 사람들이 삼계탕으로 더위를 이기듯이
태국 사람들은 똠얌꿍으로 더위를 이겨 내요.

 오늘 배울 기능

» **그림 넣기** : [입력] 탭-[그림]

» **그림 스타일 효과 지정** : [그림]-[회색 아래쪽 그림자]

태국에 대해서 알아볼까요?

· 수도 :

· 유명한 곳 : 푸켓, 파타야

· 음식 :

· 인사말 : 사와디캅

 실습 파일 불러오기

01 한글 프로그램을 실행하기 위해 [**시작(■)**]–[한글]을 클릭해요.

02 [**파일**]–[**불러오기**] 메뉴를 선택하여 [**불러오기**] 대화상자가 나타나면 [**18차시**]–[**실습파일**] 폴더의 '태
국-똠얌꿍.hwp' 파일을 선택한 후 [**열기**] 버튼을 클릭해요.

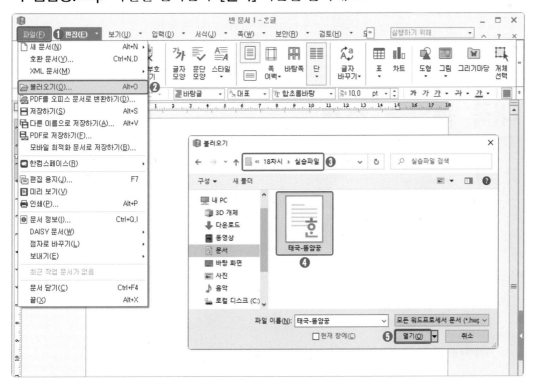

그림 삽입하기

01 1페이지의 제목 바로 아래를 클릭하고 [입력] 탭-[그림] 메뉴를 클릭한 후 [그림 넣기] 대화 상자에서 [18차시]-[실습파일] 폴더의 '똠얌꿍1.png' 파일을 선택하고 [넣기] 버튼을 클릭해요.

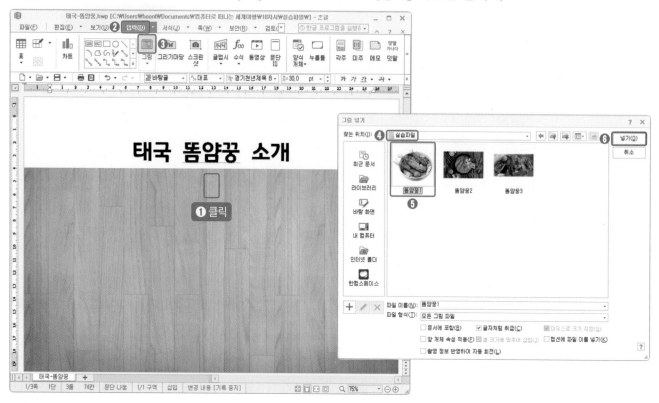

02 그림 크기를 적당히 크게 한 후 Enter를 눌러 여러분의 학교와 이름을 입력해요.

스타일 효과 지정하기

01 2페이지를 클릭하고 [입력] 탭-[그림] 메뉴를 클릭하여 '똠얌꿍2.jpg' 그림을 넣은 후 [그림]-[회색 아래쪽 그림자]를 클릭하여 스타일 효과를 지정해요.

02 그림 아래쪽에 다음과 같이 내용을 입력해요.

03 3페이지를 클릭하고 [입력] 탭-[그림] 메뉴를 클릭하여 '똠얌꿍3.jpg' 그림을 넣은 후 [그림]-[회색 아래쪽 그림자]를 클릭하여 스타일 효과를 지정해요.

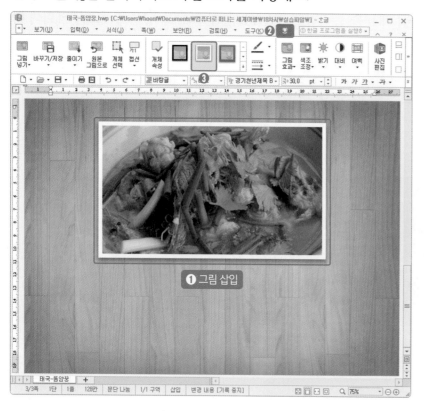

04 그림 아래쪽에 다음과 같이 내용을 입력해요.

1 그림판 앱을 실행하여 [18차시]-[실습파일] 폴더의 '코끼리.png'를 열어서 알록달록 예쁘게 색칠해 보세요.

· 실습 파일 : 코끼리.png   · 완성 파일 : 코끼리(완성).png

- 그림판 앱은 [시작(⊞)]-[Windows 보조프로그램]-[그림판]을 클릭하면 됩니다.
- 그림 파일은 [파일]-[열기] 메뉴를 클릭하여 열 수 있습니다.
- 색 채우기는 [홈] 탭-[도구] 그룹-[색 채우기]를 클릭하고 색을 선택한 후 클릭하면 채워집니다.
- 색을 잘못 칠했거나 색을 바꾸고 싶을 때는 [Ctrl]+[Z]를 누르면 됩니다.

19 그림판 3D로 터키 열기구 꾸미기

터키에서 놀라울 정도로 멋진 바위들로 가득한 카파도키아 지역을 제대로 즐기기 위해서는 열기구를 타야 한대요. 그림판 3D 앱으로 3차원 열기구를 만들고 터키 국기로 꾸밀 수 있어요. 한결이와 함께 열기구를 만들고 여행해 볼까요?

학습목표
★ 그림판 3D 앱을 실행할 수 있습니다.
★ 3D 개체를 가져와서 원하는 대로 회전시키거나 이동시킬 수 있습니다.
★ 3D 개체에 스티커를 적용할 수 있습니다.

실습 파일 : 터키-국기.png   완성 파일 : 터키-열기구(완성).png

미리보기

오늘 배울 기능

» **그림판 3D 앱 실행하기** : [시작(⊞)]-[그림판 3D]
» **3D 개체 가져오기** : [3D 라이브러리(3D 라이)]
» **스티커 적용하기** : [스티커]-[열기]-[스티커 추가]

터키에 대해서 알아볼까요?

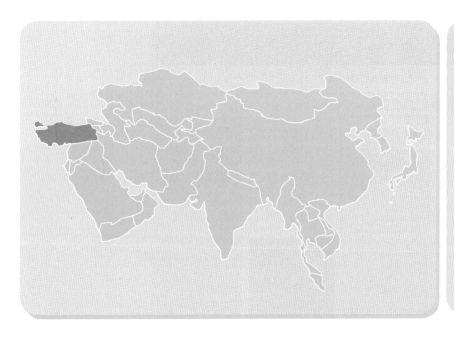

· 수도 :

· 유명한 곳 : 카파도키아, 파묵칼레

· 음식 : 케밥, 필라프

· 인사말 : 메르하바

 그림판 3D 실행하여 열기구 가져오기

01 [시작(■)]–[그림판 3D]를 클릭하여 그림판 3D 앱을 실행시킨 후 시작 화면이 표시되면 [새로 만들기]
를 클릭하세요.

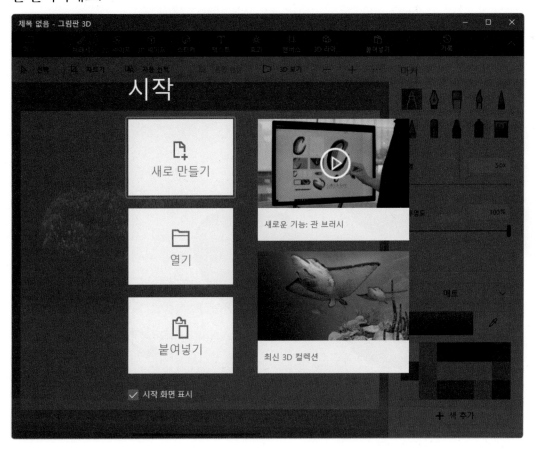

02 열기구 3D 개체를 가져오기 위해 [3D 라이브러리( )]를 클릭하고 "balloon"을 입력하여 Enter를 누른 후 [Hot air balloon]을 클릭해요.

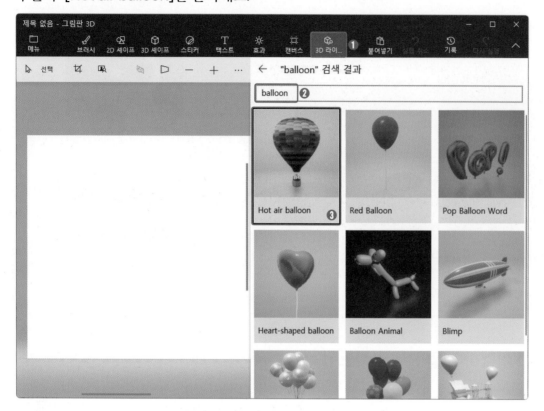

balloon(벌룬)은 '풍선'을 의미하고 Hot air balloon(핫 에어 벌룬)은 '열기구'를 의미해요.

03 X축 회전( ), Y축 회전( ), Z축 회전( )을 드래그하여 회전시켜 보세요.

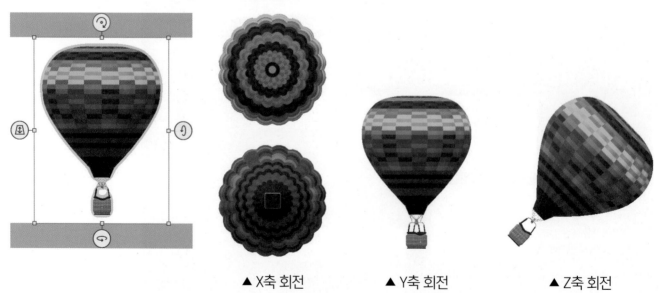

▲ X축 회전　　　　　▲ Y축 회전　　　　　▲ Z축 회전

열기구 꾸미기

01 열기구에 스티커를 붙이기 위해 [스티커]를 클릭하고 [열기] 아이콘(📁)을 클릭한 후에 [스티커 추가]를 클릭해요.

02 [열기] 대화상자가 나타나면 [19차시]-[실습파일] 폴더의 '터키-국기.png'를 선택하고 [열기] 버튼을 클릭해요.

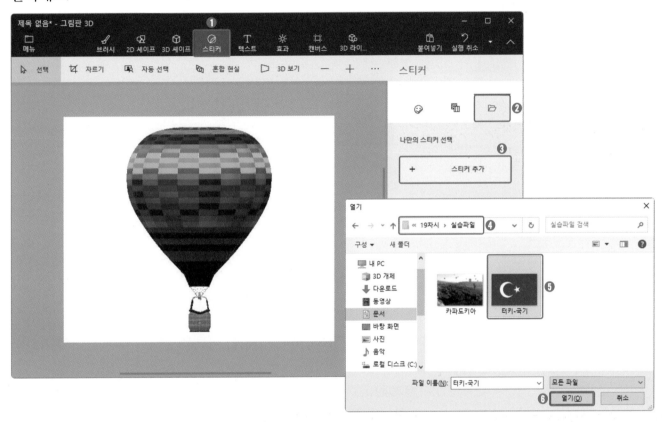

03 스티커가 적용되면 크기 조정 핸들을 드래그하여 스티커가 열기구의 풍선을 덮게 만들어요.

4 이미지 파일로 저장하기

01 열기구를 저장하기 위해 [메뉴 확장()]–[다른 이름으로 저장] 메뉴를 클릭한 후 파일 형식 선택에서 [이미지]를 선택해요.

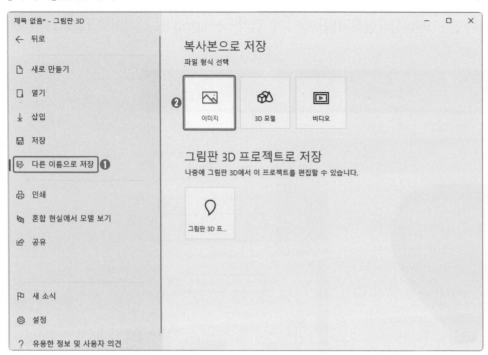

02 배경이 투명한 이미지로 저장하기 위해 **'투명도'**를 **체크**하고 [저장] 버튼을 클릭한 후에 폴더와 파일명을 지정하고 [저장] 버튼을 클릭해요.

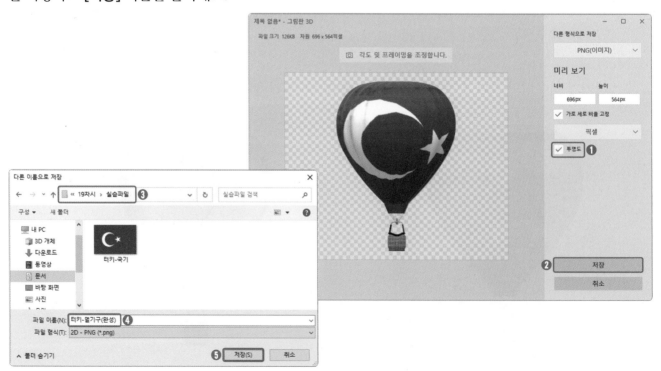

1 그림판 3D 앱에서 [19차시]-[실습파일] 폴더의 '카파도키아.jpg' 파일을 열고 '터키-열기구(완성).png' 이미지를 삽입하여 다음과 같이 완성해 보세요.

· 실습 파일 : 카파도키아.jpg, 터키-열기구(완성).png　　· 완성 파일 : 카파도키아(완성).jpg

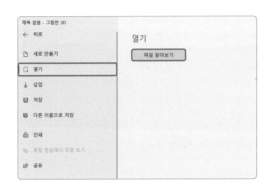

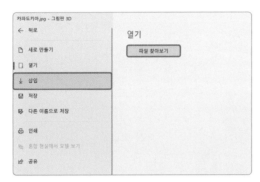

20 그림판 3D로 인도 타지마할 만들기

인도에는 세계 7대 불가사의 중의 하나인 타지마할이 있어요. 타지마할은 무굴 제국의 황제 샤 자한이 사랑하는 아내 뭄타즈 마할을 기리기 위하여 1632년부터 22년 동안 만든 무덤이라고 해요. 한결이와 함께 그림판 3D 앱으로 3차원 타지마할을 만들어 볼까요?

★ 3D 라이브러리를 불러올 수 있습니다.
★ 3D 개체를 조립하여 나만의 성을 만들 수 있습니다.
★ 3D 개체를 원하는 대로 회전시키거나 이동시킬 수 있습니다.

실습 파일 : 타지마할.jpg   완성 파일 : 타지마할(완성).jpg

미리보기

» **중세시대 성 3D 개체 가져오기** : [3D 라이브러리(🔲)]-[Medieval castle]
» **3D 개체 색 변경** : [색 편집]-[연한 회색]
» **3D 개체 앞뒤로 슬라이드** : [Z축 위치] 드래그

인도에 대해서 알아볼까요?

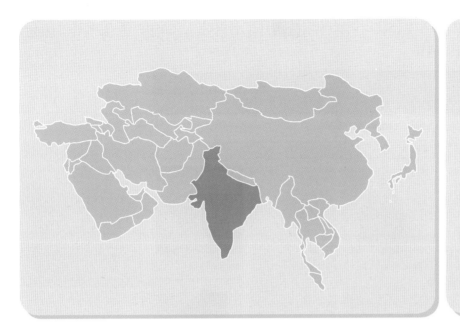

· 수도 :

· 유명한 곳 :

· 음식 : 커리(카레), 난

· 인사말 : 나마스테

2 실습 파일 불러오기

01 [시작(■)]-[🟤 그림판 3D]를 클릭하여 그림판 3D 앱을 실행시킨 후 시작 화면이 표시되면 [열기]를 클릭해요.

02 [파일 찾아보기]를 클릭하여 [20차시]-[실습파일] 폴더의 '타지마할.jpg' 파일을 열어요.

3 타지마할 만들기

01 중세시대 성 3D 개체를 가져오기 위해 [3D 라이브러리()]를 클릭하고 "castle"을 입력하여 Enter 를 누른 후 [Medieval castle]을 클릭해요.

02 성 개체의 크기와 위치를 조정한 후 [색 편집]–[연한 회색]을 클릭해요.

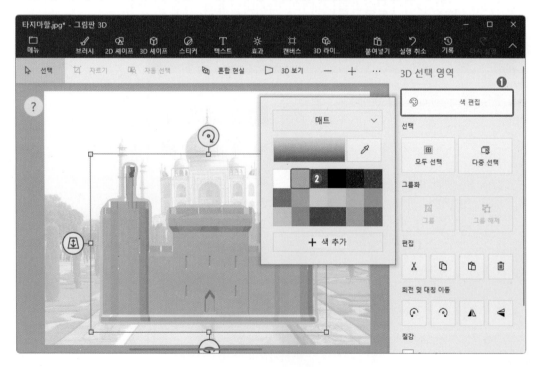

03 성의 중심 개체를 가져오기 위해 [3D 라이브러리]를 클릭하고 [Castle Round]를 클릭해요.

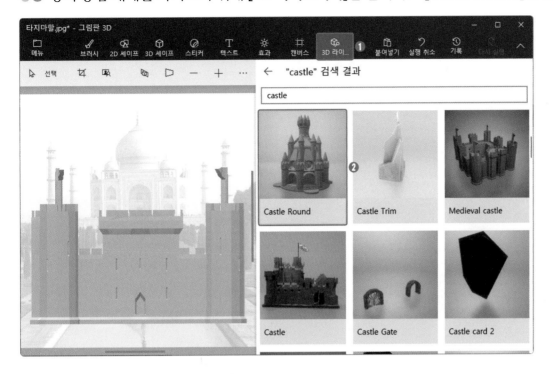

04 성의 중심 개체의 크기와 위치를 조정한 후 [색 편집]-[연한 회색]을 클릭해요.

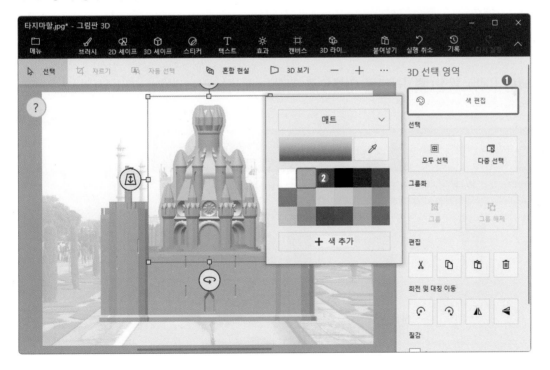

05 [3D 보기]를 클릭한 후 [Z축 위치]를 드래그하여 성의 중심을 뒤로 보내요.

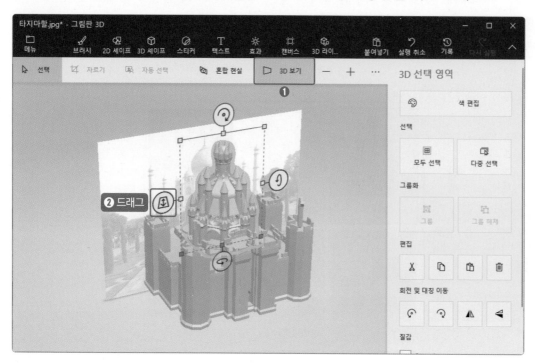

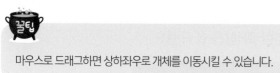

마우스로 드래그하면 상하좌우로 개체를 이동시킬 수 있습니다.

06 타지마할이 완성되면 [메뉴 확장(▤)]-[다른 이름으로 저장] 메뉴를 클릭하여 '**타지마할(완성).jpg**'로 저장해요.

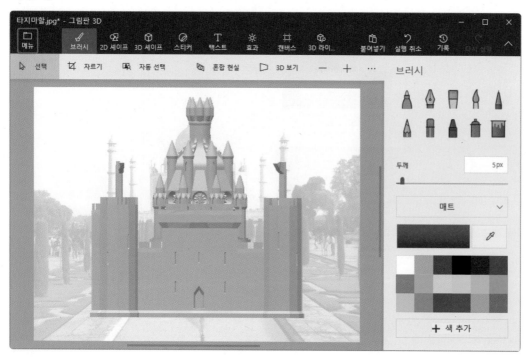

혼자서 뚝딱뚝딱

1 [20차시]-[실습파일] 폴더의 '인도-국기.png' 파일을 열고 다음과 같이 색을 칠한 후 '인도-국기(완성).png'로 저장해 보세요.

· 실습 파일 : 인도-국기.png   · 완성 파일 : 인도-국기(완성).png

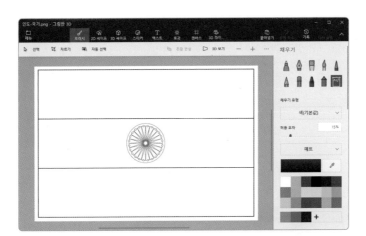

조건 ★

색 정보
· 주황 : 빨강 255, 녹색 153, 파랑 51
· 초록 : 빨강 18, 녹색 136, 파랑 7
· 파랑 : 빨강 0, 녹색 0, 파랑 136

3D 애니메이션으로 중국 만리장성 여행하기

가족과 함께 세계여행을 떠난 한결이는 첫 번째로 중국의 만리장성에 도착했어요. 끝없이 펼쳐진 만리장성을 돌아보고 궁금한 점이 많아져서 만리장성에 대해 더 알아보기로 했어요. 3D 학습 사이트에서 만리장성을 자세하게 살펴볼까요?

 학습 목표

★ '모자이크 에듀케이션'에 접속하여 'm3DViewer'를 열 수 있습니다.
★ 만리장성의 구조를 살펴볼 수 있습니다.
★ 퀴즈를 풀어보면서 만리장성에 대해 더 잘 이해할 수 있습니다.

실습 파일 : 없음   완성 파일 : 없음

미리보기

 오늘 배울 기능

» '모자이크 에듀케이션'에 접속하기 : www.mozaweb.com
» 원하는 콘텐츠를 검색하여 'm3DViewer' 열기
» 교육 콘텐츠의 내용을 확인하고 퀴즈 풀기

중국에 대해서 알아볼까요?

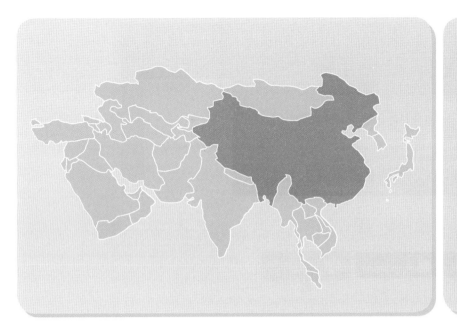

· 수도 :

· 유명한 곳 :

· 음식 : 마파두부, 탕수육

· 인사말 : 니하오

2️⃣ 교육 사이트 접속하기

01 크롬(◉)을 실행한 후 "www.mozaweb.com"에 접속해요.

02 번역 아이콘(🔳)을 클릭하여 '한국어'를 선택한 후 [로그인]을 클릭하여 새 계정을 만들거나 선생님께서 알려주시는 아이디/암호를 입력하고 [로그인] 버튼을 클릭해요.

03 [제품]-[mozaik3D 앱] 메뉴를 클릭하고 [Windows용 mozaik3D 다운로드] 버튼을 클릭한 후 다운로드가 완료되면 파일을 클릭하여 앱을 설치해요.

04 앱 설치가 완료되면 위쪽의 **검색 아이콘**(Q 검색)을 클릭하고 "great wall"을 입력하여 검색한 후 '**만리장성**'을 클릭하고 [3D 열기] 버튼과 [m3dViewer 열기] 버튼을 순서대로 클릭해요.

05 오른쪽 위의 설정 아이콘(⚙)을 클릭하여 [한국어]로 설정한 후 [망대탑]과 [망대탑 구조]를 클릭하여 살펴보세요.

주의!(Attention!) 창이 뜨면 오른쪽 아래로 드래그한 후 이용하면 됩니다.

06 [성벽의 구조]를 클릭하여 살펴보세요.

07 [퀴즈]를 클릭하여 문제를 풀어 보세요.

08 [애니메이션]을 클릭하여 만리장성에 대해 더 자세하게 알아 보세요.

혼자서 뚝딱뚝딱

1 "Panda"를 검색하여 대왕판다에 대해 학습한 후 다음의 빈 칸을 채워 보세요.

• 몸 길이 : [   ] ~ [   ] cm

• 몸무게 : [   ] ~ [   ] kg

2 "Tangram"을 검색하여 칠교놀이를 해보세요.

비디오 편집기 앱으로 잠보 브와나 동영상 만들기

케냐에서 들었던 "잠보 브와나(Jambo Bwana)" 노래를 흥얼거리던 한결이는 멋진 아이디어가 떠올랐어요. 케냐에서 보았던 장면을 그린 그림들과 가족이 함께 부른 잠보 브와나 노래로 동영상을 만드는 것이에요!! 비디오 편집기 앱으로 동영상을 만들어 볼까요?

학습
목표

★ 비디오 편집기 앱을 실행하여 그림을 추가할 수 있습니다.

★ 그림의 표시 시간을 변경하고 그림에 가사를 넣을 수 있습니다.

★ 배경 음악을 추가한 후에 동영상 파일로 만들 수 있습니다.

실습 파일 : 01~12.png, 잠보 브와나(노래).mp3   완성 파일 : 잠보 브와나.mp4

미 리 보 기

오늘 배울 기능

» 비디오 편집기 앱 실행하기 : [시작(⊞)]-[🎬 비디오 편집기]

» 그림 추가하기 / 표시 시간 변경하기 : ＋ 추가 / 🕐 시간

» 자막 / 오디오 추가하기 : 🅰 텍스트 / 👤 사용자 지정 오디오

케냐에 대해서 알아볼까요?

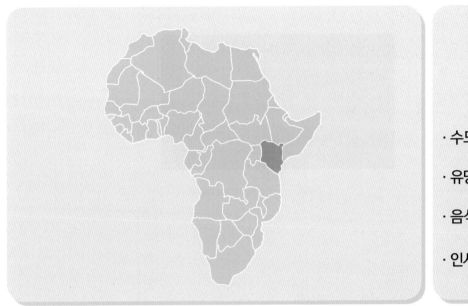

· 수도 :

· 유명한 곳 : 마사이마라 국립 공원

· 음식 : 우갈리, 수쿠마위키

· 인사말 :

 비디오 편집기 앱에서 그림 추가하기

01 [시작(⊞)]-[🎬 비디오 편집기]를 클릭하여 비디오 편집기 앱을 실행시킨 후 [새 비디오 프로젝트] 버튼을 클릭하고 비디오 이름을 "**잠보 브와나**"로 지정한 다음 [**확인**] 버튼을 클릭하세요.

02 프로젝트 라이브러리의 [**추가**]-[**이 PC에서**]를 클릭하여 [**열기**] 대화상자가 나타나면 [**22차시**]-[**실습파일**] 폴더의 '01.png'~'12.png'를 선택하고 [**열기**] 버튼을 클릭하세요.

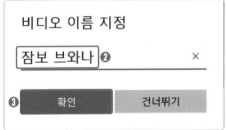

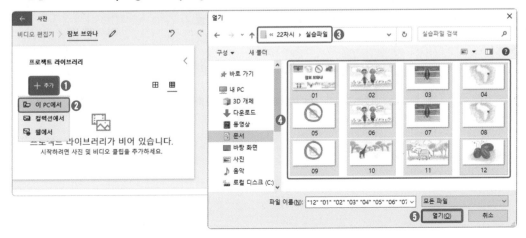

03 **프로젝트 라이브러리**에 그림 파일이 추가되면 **스토리보드**로 드래그해요.

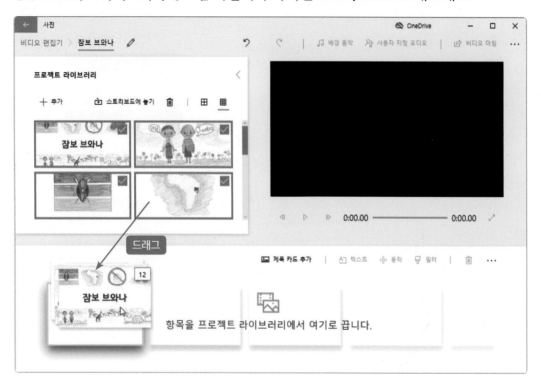

04 음악에 맞춰 그림이 바뀌도록 **첫 번째 그림**을 선택하고 [시간]을 클릭한 후 '7.5'초를 입력하세요. 같은 방법으로 나머지 그림들도 다음과 같이 시간을 지정해 주세요.

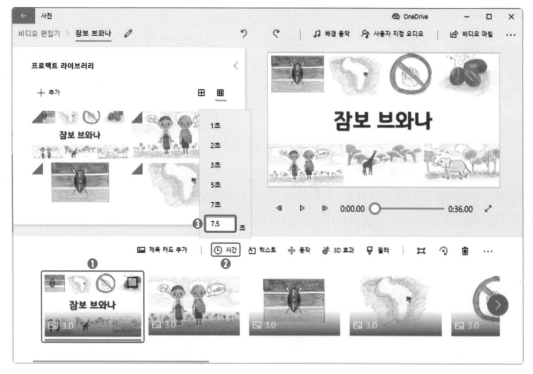

02	3.0초
03	3.7초
04	3.5초
05	4.0초
06	3.0초
07	3.7초
08	3.5초
09	3.3초
10	3.3초
11	3.5초
12	5.7초

그림에 가사 추가하기

01 그림에 가사를 추가하기 위해 **두 번째 그림**을 선택하여 **[텍스트]**를 클릭하세요.

02 애니메이션 텍스트 스타일은 **'만화'**, 레이아웃은 **'아래쪽'**을 선택하고 텍스트(**"잠보 잠보 브와나"**)를 입력한 후 **[완료]** 버튼을 클릭하세요.

03 같은 방법으로 나머지 그림들도 다음과 같이 텍스트를 입력해 주세요.

- 3번째 그림 : 하바리 가니 은쥬리 사나

- 4번째 그림 : 와게니 와카리비슈와

- 5번째 그림 : 케냐 예투 하쿠나 마타타

- 6번째 그림 : 잠보 잠보 브와나

- 7번째 그림 : 하바리 가니 은쥬리 사나

- 8번째 그림 : 와게니 와카리비슈와

- 9번째 그림 : 케냐 예투 하쿠나 마타타

- 10번째 그림 : 케냐 은치 은쥬리 하쿠나 마타타

- 11번째 그림 : 은치 야 마아자부 하쿠나 마타타

- 12번째 그림 : 은치 예녜 와냐마 하쿠나 마타타

배경 음악 지정하기

01 첫 번째 그림을 선택하고 <kbd>사용자 지정 오디오</kbd>를 클릭한 후 [오디오 파일 추가]를 클릭하세요.

02 [열기] 대화상자가 나타나면 [22차시]-[실습파일] 폴더의 '잠보 브와나(노래).mp3'를 선택하고 [열기] 버튼을 클릭한 후 [완료] 버튼을 클릭하세요.

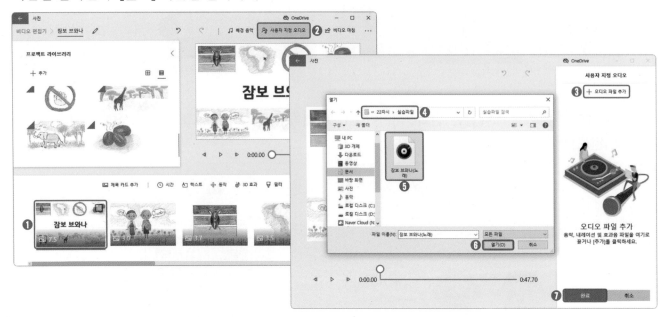

 동영상 파일로 저장하기

01 <kbd>비디오 마침</kbd>을 클릭하고 [내보내기]를 클릭한 후에 파일 이름에 "잠보 브와나"를 입력하고 [내보내기]를 클릭하면 동영상 파일로 만들어져요.

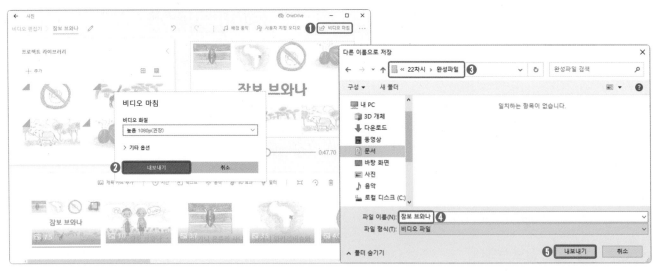

02 동영상 파일이 완성되면 여러분이 만든 동영상을 감상해 보세요.

혼자서 뚝딱뚝딱

1 다음의 조건대로 사진을 추가하고 표시 시간을 변경한 후 자막과 배경 음악을 넣어 애국가 동영상을 만들어 보세요.

· 실습 파일 : 애국가01~애국가12.jpg, 애국가(합창).mp3　　· 완성 파일 : 애국가.mp4

· 3.9초
· 오른쪽으로 이동

· 3.9초
· 오른쪽으로 이동

· 3.9초
· 오른쪽으로 이동

· 3.9초
· 오른쪽으로 이동

· 7.6초
· 가운데에서 확대
· "동해물과 백두산이"

· 7.6초
· 가운데에서 확대
· "마르고 닳도록"

· 7.6초
· 가운데에서 확대
· "하느님이 보우하사"

· 7.6초
· 가운데에서 확대
· "우리나라 만세"

· 7.6초
· 중심 축소
· "무궁화 삼천리"

· 7.6초
· 중심 축소
· "화려강산"

· 7.6초
· 중심 축소
· "대한사람 대한으로"

· 10초
· 중심 축소
· "길이 보전하세"

힌트 ★

· 카메라 동작 추가 방법 : ⊕ 동작을 누른 후 동작 종류를 선택하면 됩니다.
· 그림을 마우스 오른쪽 버튼으로 클릭하여 [크기 조정]-[검은색 막대 제거]를 선택하면 그림이 화면에 꽉 차게 됩니다.

이집트 피라미드 게임하기

고대 이집트의 국왕이나 왕비, 왕족의 무덤인 피라미드를 직접 본 한결이는 엄청난 크기에 놀랐습니다. 그런데 윈도우10에 피라미드 게임이 있다는 사실에 한결이는 또 한 번 놀랐습니다. 다함께 피라미드 게임을 하면서 두뇌 회전을 해볼까요?

★ 마이크로소프트 솔리테어 컬렉션 앱을 실행할 수 있습니다.
★ 카드 게임 방법을 이해할 수 있습니다.
★ 카드 게임을 할 수 있습니다.

실습 파일 : 없음   완성 파일 : 없음

미 리 보 기

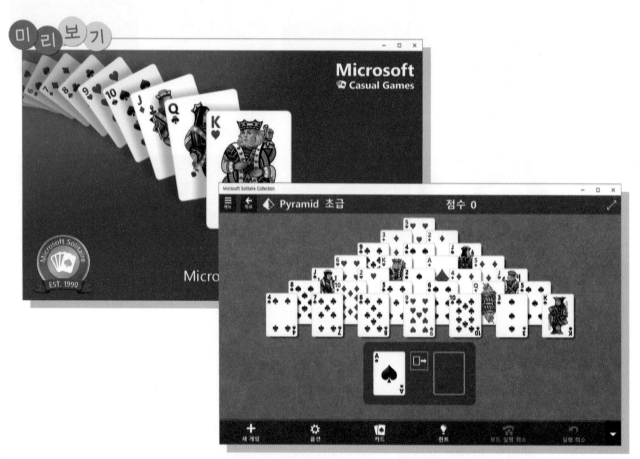

 오늘 배울 기능

» **마이크로소프트 솔리테어 컬렉션 앱 실행하기** : [시작(⊞)]-[Microsoft Solitaire Collection]
» **피라미드 게임 실행하기** : [Pyramid] 클릭
» **게임하기** : 합이 13이 되는 카드 두 장을 선택하면서 제거하기

이집트에 대해서 알아볼까요?

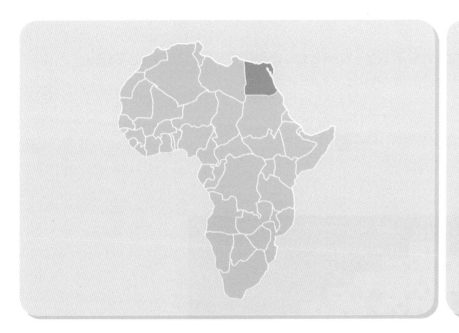

· 수도 :

· 유명한 곳 :

· 음식 : 쿠샤리

· 인사말 : 아흘란 와 싸흘란

2 피라미드 게임 시작하기

01 피라미드 게임을 실행하기 위해 [시작(⊞)]-[Microsoft Solitaire Collection]을 클릭해요.

02 앱이 실행되면 [Pyramid]를 클릭해요.

게임하기

01 먼저 게임 방법을 알아볼까요?

· 피라미드 게임의 목표는 합이 13이 되는 카드 두 장을 선택해서 보드의 카드를 모두 제거하는 것이에요.

· A는 1, J는 11, Q는 12, K는 13이에요.

· K는 선택하면 곧바로 제거돼요.

· 더해서 13을 만들 수 있는 카드가 없을 경우, 뽑기 버튼(□→)을 클릭해요.

02 7과 6을 클릭하여 제거해요.

선택된 카드를 한 번 더 클릭하면 선택이 해제됩니다.

03 K는 13이므로 클릭하면 바로 제거돼요.

04 더해서 13을 만들 수 있는 카드가 없으면 **뽑기 버튼**을 클릭해요.

05 7과 6을 클릭하여 제거해요.

06 더해서 13을 만들 수 있는 카드가 없으면 **뽑기 버튼**을 클릭해요.

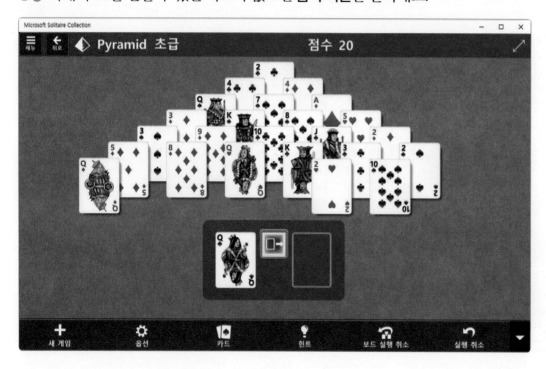

07 카드를 모두 제거해 보세요.

① 이집트에 대해서 얼마나 알고 있는지 가로세로 낱말퀴즈를 통해서 확인해 보세요!!

· 실습 파일 : 없음   · 완성 파일 : 이집트-낱말퀴즈(정답).jpg

가로 풀이

2. 이집트 수도로, 고대 이집트 유적이 많이 남아 있어요.(힌트 : ㅋㅇㄹ)

4. 고대 이집트 왕들의 무덤이에요.

5. 아침에는 네 발로 걷고, 점심에는 두 발로 걷고, 저녁에는 세 발로 걷는 동물은 무엇일까요?

8. 오이 등의 채소나 과일을 식초에 절인 음식으로, 클레오파트라가 즐겨 먹었다고 해요.

9. 한강의 옛이름으로, 서울특별시의 수돗물 상표에요.(힌트 : ㅇㄹㅅ)

11. 프랑스 파리에 있는 유명한 탑이에요.

12. 얼굴은 사람, 몸은 사자 모양을 한 괴물로, 피라미드 근처에 세워졌어요.(힌트 : ㅅㅍㅋㅅ)

세로 풀이

1. 고대 이집트 왕을 이르던 말로, '태양신의 아들'이라는 뜻이에요.(힌트 : ㅍㄹㅇ)

3. 이집트 국민의 대다수는 ○○○교 신자에요.

6. 고대 이집트에서 개발한 '인류 최초의 종이'에요.
   종이를 뜻하는 영어 '페이퍼(Paper)'는 이것에서 유래되었어요.(힌트 : ㅍㅍㄹㅅ)

7. 사막에 샘이 솟고 풀과 나무가 자라는 곳이에요.

10. 이집트에 있는 운하로, 지중해와 홍해를 연결해요.(힌트 : ㅅㅇㅈ)

[액티비티 3] 주사위 세계여행 게임하기

지금까지 컴퓨터로 세계 여러 나라를 여행하면서 많은 것들을 재미있게 배웠나요? 마지막으로 친구들과 함께 "주사위 세계여행" 게임을 해보면서 신나게 즐겨 보세요. 먼저 게임 규칙을 이해하는 것이 중요해요. 게임판을 화면에 띄우고 주사위를 던지면서 모둠별 또는 개인별로 게임해 보세요.

실습 파일 : 주사위 세계여행.pptx, 게임 방법.pptx   완성 파일 : 주사위 세계여행(완성).pptx

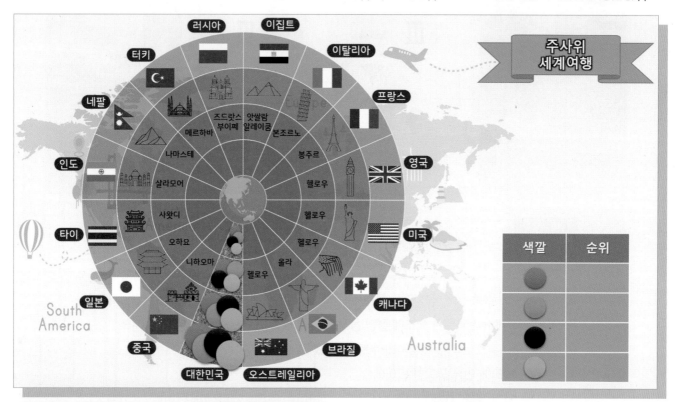

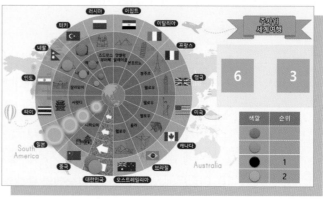

1 게임판 완성하기

01 [시작(■)]-[**P** PowerPoint 2016]을 클릭하여 [24차시]-[실습파일] 폴더의 '**주사위 세계여행.pptx**'를 열어요.

02 슬라이드 마스터를 열기 위해 [보기] 탭-[마스터 보기] 그룹-[슬라이드 마스터]를 클릭해요.

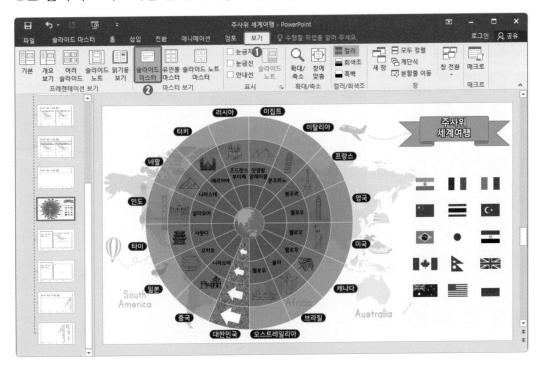

03 오른쪽의 **국기들**을 각 나라의 빈 칸으로 드래그해요.

04 [슬라이드 마스터] 탭-[닫기] 그룹-[마스터 보기 닫기]를 클릭하여 슬라이드 마스터 편집 화면에서 빠져나와요.

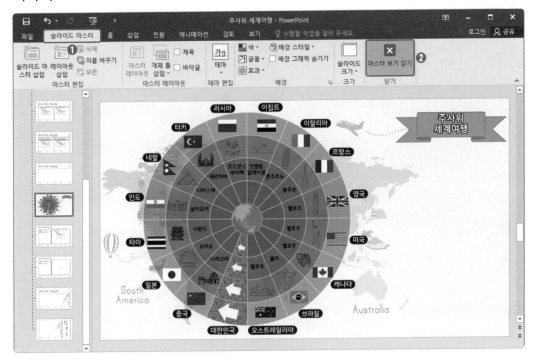

05 Shift 를 누른 채 위쪽 말 4개와 표 안의 말 1개를 클릭하여 선택한 후 [그리기 도구-서식] 탭-[도형 스타일] 그룹의 [자세히(▾)] 버튼을 클릭하여 테마 스타일을 지정해요.

• 강한 효과 – 주황, 강조 2

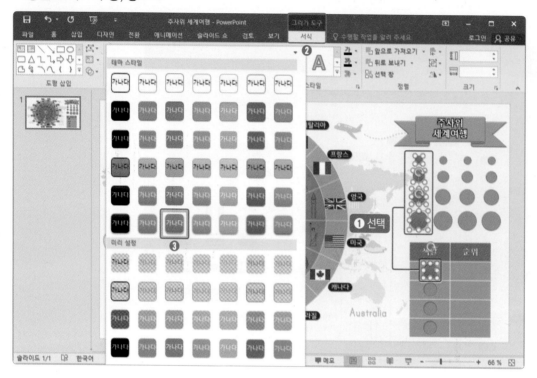

06 같은 방법으로 나머지 말들도 다음과 같이 테마 스타일을 지정해요.

• 강한 효과 – 녹색, 강조 6
• 강한 효과 – 검정, 어둡게 1
• 강한 효과 – 황금색, 강조 4

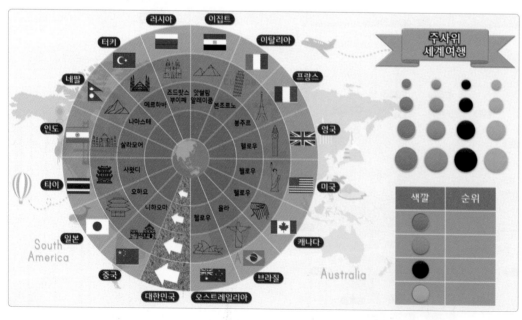

 게임 방법

01 각 모둠별(개인별)로 한 가지 색을 선택하고, 게임판의 출발 지점에 크기별로 말을 쌓아요.

02 말은 자기 크기에 맞는 칸을 시계 방향으로만 움직일 수 있어요.

03 말이 있는 칸부터 세어요.(2는 한 칸 이동해요.)

04 이동 중에 다른 말이 있으면 그 칸은 세지 않아요.

05 도착 지점에 다른 말이 있으면 다른 말을 한 칸 밀고 그 자리에 놓으세요.

06 밀려난 말도 그 자리에 다른 말이 있으면 다른 말을 한 칸 밀고 그 자리에 놓으세요.

07 주사위를 2개 던져서 말이 움직이는데, 다음 세 가지 방법 중에서 하나를 선택하세요.

방법1) 각 주사위의 수만큼 2개의 말을 선택해 각각 움직여요.

방법2) 두 주사위의 합만큼 1개의 말을 선택해 움직여요.

방법3) 두 주사위의 차만큼 1개의 말을 선택해 움직여요.

08 모든 말이 대한민국을 제외한 같은 나라에 한 줄로 있게 되면 승리해요.

게임 방법을 좀 더 쉽게 이해하려면 [24차시]-[실습파일] 폴더의 '게임 방법.pptx' 파일을 열어 처음부터 차근차근 확인하면 됩니다.

3 주사위 던지는 방법

01 크롬()을 실행하여 "roll a die"를 입력하여 검색해요.

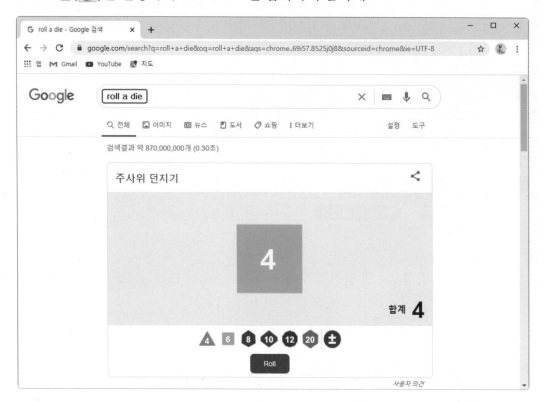

02 정육면체 주사위 아이콘(6)을 클릭하여 주사위를 추가한 후 Roll 버튼(Roll)을 클릭하면 주사위가 굴러져요.